仏検

5 級レベル
重要単語

音声無料
ダウンロード
付き

松川雄哉

語研

▓ 音声の無料ダウンロードについて ▓

本書の音声が無料でダウンロードできます。

下記の URL にアクセスして，ダウンロードしてご利用ください。
https://www.goken-net.co.jp/catalog/card.html?isbn=978-4-87615-375-6

または，右記の QR コードからもアクセス可能です。

○本書では音声収録箇所を 🎧 マークとトラック番号で表示しています。
○収録時間は約70分です。

▓ 注意事項 ▓

☆ダウンロードできるファイルは ZIP 形式で圧縮されたファイルです。ダウンロード後に解凍してご利用ください。iOS13 以上は端末上で解凍できます。

☆音声ファイルは MP3 形式です。iTunes や Windows Media Player などの再生ソフトを利用して再生してください。

☆インターネット環境によってダウンロードできない場合や，ご使用の機器によって再生できない場合があります。

☆本書の音声ファイルは一般家庭での私的利用に限って頒布するものです。著作権者に無断で本音声ファイルを複製・改変・放送・配信・転売することは法律で禁じられています。

▓ ナレーション ▓

Sylvain DETEY
Claire RENOUL
水月優希

はじめに

　本書は，実用フランス語技能検定試験 5 級（以下，仏検 5 級）に合格するために必要な語彙を身につけることを目的としています。約 500 ある収録語は，家族や食べ物といったさまざまなカテゴリーに分類さているため，意味的な関連を意識して語彙を学べる構成になっています。また各見出し語には例文が付いており，その語がどのように使われているかがわかるようになっています。さらに例文に使われているほとんどの単語は，本書に見出し語として収録されているため，収録音声を聞いて声に出して読めば，仏検 5 級の語彙知識強化につながるでしょう。

　外国語を効率よく習得する上で大切なことは数多くありますが，その中の一つに，「使用頻度の高い語彙を優先して覚えること」が挙げられます。外国語の学習過程では，その言語で書かれている，または発音されているたくさんの情報を理解して取り込むこと，つまりインプットが必要となります。そしてそれらを理解するには，語彙が不可欠です。そのため，よく使われる語彙をしっかり覚えていないと，外国語の学習がうまく進みません。語彙は，まさに言語を学ぶために不可欠なツールなのです。フランス語学習者が，どのレベルの語彙をおよそどのくらい覚えているかを調査したところ，よくできる学習者ほど，難しい語彙というよりはむしろ基本的な語彙をしっかり覚えている傾向にあります。

　仏検 5 級の問題で採用されている語彙は，どれも使用頻度の高いものばかりです。つまり，仏検 5 級の勉強をすることは，この先フランス語を効率よく学習するための基礎を固める重要な機会であると言えます。本書がその助けとなれば幸いです。

　最後に，本書の見出し語や例文を丁寧にチェックしてくださった私の信頼できる元同僚であり友人でもある Régis OLIVERO 先生には，いつもながら大変お世話になりました。また，Sylvain DETEY 先生には，ナレーションだけでなく，音声について大変貴重で有意義な助言をいただき誠にありがとうございました。そして，Cloé Naïli BEAUCHEMIN 氏，Guillaume ORTEGA 氏には，フランス語の様々な点についてサポートいただき大変助かりました。最後に，執筆が遅い私に根気よくお付き合いくださり，また大変な編集作業を担当してくださった語研の宮崎喜子氏に心から感謝申し上げます。

2021 年 11 月

松川雄哉

目　次

【校閲】Régis OLIVERO　　【装丁・イラスト】高嶋良枝

本書の紙面構成と凡例

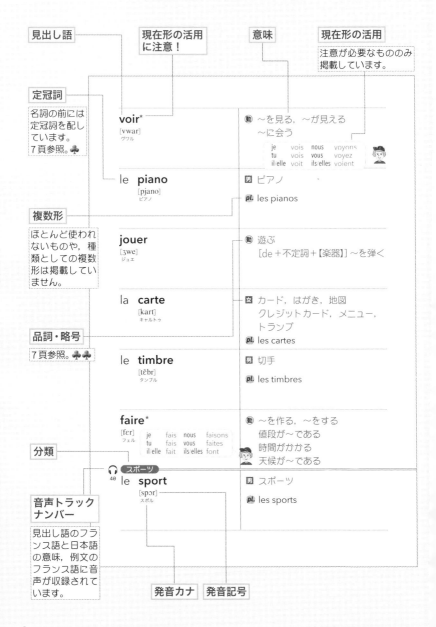

見出し語

現在形の活用に注意！

意味

現在形の活用
注意が必要なもののみ掲載しています。

定冠詞
名詞の前には定冠詞を配しています。
7頁参照。♣

複数形
ほとんど使われないものや、種類としての複数形は掲載していません。

品詞・略号
7頁参照。♣♣

分類

音声トラックナンバー
見出し語のフランス語と日本語の意味、例文のフランス語に音声が収録されています。

発音カナ

発音記号

voir*
[vwar]
ヴワル

動 ～を見る、～が見える
～に会う

je	vois	nous	voyons
tu	vois	vous	voyez
il/elle	voit	ils/elles	voient

le **piano**
[pjano]
ピアノ

男 ピアノ
pl. les pianos

jouer
[ʒwe]
ジュエ

動 遊ぶ
[de＋不定詞＋【楽器】] ～を弾く

la **carte**
[kart]
キャルトゥ

女 カード、はがき、地図
クレジットカード、メニュー、トランプ
pl. les cartes

le **timbre**
[tɛ̃br]
タンブル

男 切手
pl. les timbres

faire*
[fɛr]
フェル

je	fais	nous	faisons
tu	fais	vous	faites
il/elle	fait	ils/elles	font

動 ～を作る、～をする
値段が～である
時間がかかる
天候が～である

♪ スポーツ
40 le **sport**
[spɔr]
スポル

男 スポーツ
pl. les sports

例文　　　　　　　例文訳　　　　　　柱　頁内に掲載されている見出し語のジャンルを示します。

Je vais voir mon grand-père aujourd'hui.　私は今日，祖父に会いに行きます。

Il n'y a pas de piano chez moi.　私の家にはピアノがありません。

Elle joue du piano.　彼女はピアノを弾いています。

Je veux une carte de Paris.　私はパリの地図がほしいです。

J'aime jouer aux cartes avec ma famille.　私は家族でトランプをするのが好きです。

Deux timbres à un euro, s'il vous plaît.　1ユーロ切手2枚ください。

euro：男 ユーロ　　　　　注

J'aime faire du vélo.　私はサイクリングが好きです。

faire du vélo：サイクリングをする

Thomas aime beaucoup les sports d'hiver.　トマはウィンタースポーツがとても好きです。

♣ 趣味・娯楽・芸術―スポーツ

♣ 定冠詞	
le	男性名詞
la	女性名詞
les	主に複数形で使われる名詞

♣♣	品詞・略号		
男 男性名詞	動 動詞	代 代名詞	提 提示句
女 女性名詞	形 形容詞	接 接続詞	疑代 疑問代名詞
複 主に複数形で使われる名詞	副 副詞	間 間投詞	疑形 疑問形容詞
	前 前置詞	成 成句	疑副 疑問副詞

7

フランス語の発音

おさえておきたい文法事項

基本的なポイント

🎧 🔊 フランス語のアクセント
01

フランス語のアクセントは単語の最終音節に置かれ，その音節の母音を
少し長めに発音します。

> 音節ごとにつづり字を分けると
> cho・co・lat となります。
> 語末の子音字の t は原則発音し
> ません。➡ p.18

例）chocolat* [ʃɔkɔla]　ショコラ

「ラ [la]」を少し長めに発音する。

* の付いている単語は，発音編にのみ出てくる単語です。

文になった場合，文末の単語の最後の音節にアクセントが置かれます。

例）J'aime le café. [ʒɛm lə kafe]　ジェム ル キャフェ

「フェ [fe]」を少し長めに発音する。

🎧 🔊 つづり字記号
02

> ここでは一部のつづり字につ
> いて発音の仕方を記述してい
> ますが，詳しくは p.12-13 を
> 参照してください。

アクサン・テギュ　é

母音字 e のみに付く右上がりの記号。

é は，一部例外を除いて，口を左右に広げて「エ [e]」と発音します。

例）téléphone　テレフォヌ（電話）

アクサン・グラーヴ　è, à, ù

母音字 e，a，u に付く，右下がりの記号。

è は，口を広く開けて「エ [ɛ]」と発音します。à は a と発音は変わらず「ア
[a]」と発音し，ù は，où（ウ／どこで）のみで使われます。

例）père　ペル（父）

　　là　　ラ（そこに）

アクサン・シルコンフレックス　â, ê, î, ô, û

母音字の真上に付く，帽子のような記号。

îとûの発音は，この記号が付いていないi，uと同じです。êは，èと同じで，口を広く開けて「エ [ɛ]」と発音します。âとôの発音は，それぞれ「ア [ɑ]」，「オ [o]」となります。

例) pâté*　　　パテ（パテ）
　　fenêtre　　フネトゥル（窓）
　　île*　　　　イル（島）
　　hôpital　　オピタル（病院）
　　brûler*　　ブリュレ（～を焼く）

トレマ　ë, ï, ü

母音字に付く記号で，直前に置かれた母音字と複母音を形成することなく別々に発音されます。

ëはèやêと同様に「エ [ɛ]」と発音されます。

ïとüは，トレマなしのi，uと発音は変わりません。

例) Noël*　　ノエル（クリスマス）

セディーユ　ç ←

子音字「c」のみに付与される記号で，[k] の音を [s] の音に変えます。
例えば, ca は「カ [ka]」と発音されますが, ça は「サ [sa]」となります。

例) Ça va ?　サヴァ（元気？）

トレデュニオン　-

複合語の形成や主語人称代名詞と動詞が倒置するときに使用します。

例) après-midi　アプレミディ（午後）

🎧 👑 母音字の読み方

(1) 母音字単体の発音

> ✏️ オ [o/ɔ]，エ [e/ɛ]，p.14 のウ [ø/œ] には口の開き具合によって 2 通りの発音がありますが，厳密に区別しなくても文脈で単語の意味は伝わりますので，あまり神経質にならず，音声をよく聞いて声に出して練習しましょう。

母音字	発音	例
a, à, â	à は [a]，â は [ɑ]，a は [a] または [ɑ] と区別がありますが，いずれも日本語の「ア」のように発音します。	malade マラドゥ（病気の） là ラ（そこに） gâteau ギャトゥ（菓子）
i, î, ï	イ [i] 唇を左右に広げて「イ」と発音します。	ici イスィ（ここに） île* イル（島） haïr* アイル（〜を憎む）
u, û, ü	ユ [y] まず，イ [i] を発音しましょう。このとき，舌先は下歯についています。舌先はそのままで，唇を口笛を吹くときのように，狭く円く，前方に突き出します。	musée ミュゼ（美術館） sûr* スュル（確信している）
o, ô	オ [o/ɔ] ✏️ 2 通りの「オ」がありますが，どちらも唇を円くし，軽く前に突き出します。 [ɔ] は，[o] よりも口を少し大きく開けて発音します。	aéroport アエロポル（空港） bientôt ビャント（まもなく）
é	エ [e] ✏️ 「イ [i]」を発音するときよりも少し口を広く開けて発音します。	été エテ（夏）
è, ê, ë	エ [ɛ] ✏️ é よりも口を少し広く開けて発音します。	mère メル（母） fenêtre フネトゥル（窓） Noël* ノエル（クリスマス）

e	エ [e/ɛ] 主に以下の場合でエ [e/ɛ] と発音されます。 ① 語末が -el「エル」, -ef「エフ」, -ec「エク」, -er「エル」, -et「エ」, -ed「エ」, -ez「エ」の場合。 ※語末の「-es」は「エ」と発音されませんが, des, les, mes …といった機能語 (➡ p.18) における「-es」は「エ」と発音されます。 ② e の後に 2 つの子音が続いている場合。	**n**e**z** ネ (鼻) qu**e**stion ケスティヨン (質問) ただし, 「en +子音」や「em +子音」のときは, en/em が鼻母音「アン [ɑ̃]」を形成します。 ➡ 鼻母音の発音 p.14
	e が「エ [ɛ/e]」と発音されないとき, とても弱い「ウ [ə]」と発音するか全く発音しません。また, 語末に置かれた e は発音しません。	**p**e**tit** プティ (小さい) li**vr**e リヴル (本)

(2) 複母音字の発音

複数の母音字で 1 つの母音を形成する組み合わせがあります。

複母音字	発音	例
ai, aî, ei	エ [ɛ] è や ê, ë と同様に, é「エ [e]」よりも口を少し広く開けて発音します。	m**ai**son メゾン (家) n**aî**tre* ネトゥル (生まれる) n**ei**ge* ネジュ (雪)
ou, où, oû	ウ [u] [y] を発音するときと同じ唇の形ですが, 舌先を下歯から離して発音します。	r**ou**ge ルジュ (赤い) **où** ウ (どこで) a**oû**t ウ(トゥ) (8 月)

au, eau	オ [o] 唇を円く，前に突き出して発音します。 ウ [u] から口を少し広くするとこの発音になります。	chaud ショ（暑い，熱い） château* シャト（城）
eu, œu	ウ [ø/œ] [y]（u, û, ü）を発音するときの舌先の位置と唇の形から，唇を少し広げると [ø]，さらに少し口を広げると [œ] になります。	pleuvoir プルヴワル （雨が降る） sœur スル（姉妹）
oi	ワ [wa] 一度，唇を円く前へ突き出し，すぐに「ア」を発音するつもりで唇を広げながら発音します。「ウワ」にも近いです。	moi ムワ（私）

🎧 (3) 鼻母音の発音
05

鼻から息を抜きながら発音する母音で，[ɔ̃] [ɑ̃] [ɛ̃] [œ̃] の 4 つがあります。鼻母音のつづり字には，共通して母音字に n や m が付いているのが特徴です。

つづり	発音	例
on, om	オン [ɔ̃] 「オ [ɔ]」を発音するときの唇の形で息を鼻から抜きます。	bonjour ボンジュル（こんにちは） pompier* ポンピエ（消防士）
an, am, en, em	アン [ɑ̃] 「ア [ɑ]」を発音するときのように口を上下に広く開け，息を鼻から抜きます。	chanter シャンテ（歌う） campagne カンパニュ（田舎） ensemble アンサンブル（一緒に）

in, im, ain, aim, ein, eim, yn, ym	アン [ɛ̃] 「エ [ɛ]」を発音するときの口の形で, 息を鼻から抜きます。	jardin ジャルダン（庭） pain パン（パン） sympathique* 　　　　サンパティク（感じのよい）
un, um	アン [œ̃] 「ウ [œ]」を発音するときの口の形で発音します。今日では,「アン [ɛ̃]」と同様に発音する傾向にあります。	lundi ランディ（月曜日） parfum* パルファン（香水）

● 子音字の読み方

(1) 注意が必要な子音

組み合わされる母音字や子音字に付くつづり字記号によって, 子音字の発音が変わります。

子音字	発音	母音字との組み合わせ	例
c	[k] ク	**ca** [ka] キャ（カ） **co** [ko/kɔ] コ **cu** [ky] キュ	**ca**fé キャフェ（コーヒー, カフェ） é**co**le エコル（学校） oc**cu**pé(-e) オキュペ（忙しい）
	[s] ス	**ce** [s(ə)] ス **ci** [si] スィ **cy** [si] スィ	**ce**rise* スリズ（サクランボ） i**ci** イスィ（ここに） re**cy**cler* ルスィクレ（リサイクルする）
	[s] ス	**ça** [sa] サ -**çon** [sɔ̃] ソン -**çoi** [swa] スワ **çu** [sy] スュ	**ça** サ（これ, それ, あれ） gar**çon** ギャルソン（少年） ni**çoi**s(-e)* ニスワ（ーズ）（ニースの） re**çu*** ルスュ（領収書）

15

		ga [ga] ギャ go [go/gɔ] ゴ gu [gy] ギュ	magasin マギャザン（商店） rigoler* リゴレ（笑う） légume レギュム（野菜）
g	[g] グ		
	[ʒ] ジュ	ge [ʒ(ə)] ジュ gi [ʒi] ジ gy [ʒi] ジ	âge アジュ（年齢） énergie* エネルジ（エネルギー） Égypte* エジプトゥ（エジプト）
	[g] グ	gue [g(ə)] グ gui [gi] ギ guy [gyi] ギュイ	collègue* コレグ（同僚） guide* ギドゥ（ガイド） Guyane* ギュイヤヌ（ギアナ）

07

● 2つの子音字の組み合わせ

子音字	発音	例
ch	[ʃ] シュ	chat シャ（猫）
gn	[ɲ] ニュ	montagne モンタニュ（山）
ph	[f] フ	éléphant* エレファン（象）
qu	[k] ク	question ケスティヨン（質問）
th	[t] トゥ	thé テ（紅茶）

(2) h について

h は発音しません。語頭の h は，無声と有声に区別されます。

● 無声の h で始まる単語は，定冠詞が置かれるときに，後述のエリズィオンの対象になります。

例）**h**ôtel　オテル（ホテル）　➡　l'**h**ôtel　ロテル

● 有声の h が語頭の単語は，h は読みませんが，「h があるもの」と扱われているため，定冠詞が置かれてもエリズィオンが起こりません。

例）**h**ibou*　イブ（フクロウ）　➡　le **h**ibou　ルイブ

> 仏和辞典には，有声の h で始まる単語には「†」や「*」といった記号が付いています。

(3) r の発音について

舌の後方部分を上あごに近づけます。日常的には，うがいをするときにこれにとても近い動作をしています。空気の通り道が狭くなるので，この状態で息を吐くと，のどの奥が「グルルル…」と震えます。これが「r」の発音です。

このとき，ポイントが 2 つあります。体の力を抜くこと，それから冬の寒い日に手を温めるときのように喉の奥から息を吐くことです。そのため，r の発音は，日本語のハ行の発音に近いとも言えます。

❤ リエゾン，アンシェヌマン，エリズィオン

リエゾン

本来発音されない語末の子音字が，後続の母音始まりの単語と連結して発音されることを言います。

例）dan**s** **u**n restaurant　ダン**ザン**レストラン（レストランの中で）
un peti**t** **e**nfant　アンプティ**タン**ファン（小さな子ども）

アンシェヌマン

発音される語末の子音が，後続の母音始まりの単語と連結して発音されることを言います。

例）il est イレ [ilɛ]　　×イル エ [il ɛ]

エリズィオン

je, me, ne, de, le, la, si, que...といった機能語と呼ばれる，文法的な機能を持った語の後に母音で始まる単語が置かれると，母音字 e, a, i がアポストロフ（ ' ）に変わり，後続の語と連結します。

例）je étudie* （私は〜を勉強する）　➡　j'étudie
　　la école　　　　　　　　　　➡　l'école
　　si il vous plaît　　　　　　　➡　s'il vous plaît
　　Est-ce que il y a 〜　　　　　➡　Est-ce qu'il y a 〜

> 機能語：「猫（名詞）」や「踊る（動詞）」，「美しい（形容詞）」などといった，具体的な内容のある単語（＝内容語）とは異なり，定冠詞（le）や主語人称代名詞（je），前置詞（de）など，文の中で文法的な働きをする単語のこと。

注意

🎧 ⓦ 発音しない文字がある
10

● 語末の e
　　例）musée　　ミュゼ（美術館）
　　　　journée*　ジュルネ（1 日）

● 語末の子音字
　　例）concert*　コンセル（コンサート）

ただし語末の c, f, l, r は，多くの場合発音します。

　　例）avec　　アヴェク（〜と一緒に）
　　　　chef*　　シェフ（シェフ）
　　　　hôtel　　オテル（ホテル）
　　　　mer　　　メル（海）

◯ ◯ s の発音

フランス語の単語の中に s がある場合，その両隣を見るようにしてください。[s] と [z] の 2 通りの発音があります。

● s の両隣，または片方が子音字の場合, s は [s]（サ行の発音）のままです。

例) poisson　　プワソン（魚）
　　personne　ペルソヌ（人）

● s が母音字で挟まれている場合，s は [z]（ザ行の発音）になります。

例) maison　メゾン（家）
　　plaisir　プレズィル（喜び）

◯ カタカナ表記について

例えば「ウ」だけでも [u], [œ], [ø], [ə] の 4 種類があるように，フランス語の発音をカタカナで完璧に書き表すことはできません。発音の足掛かりとして参考にしてください。音声を繰り返し聞き，少しずつ発音に慣れていきましょう。

本書では，カナの長音符を採用していませんが，「フランス語のアクセント」（➡ p.10）で触れたように，アクセントが置かれる最終音節の母音を伸ばして発音しましょう。

☕ 不定冠詞・部分冠詞

ある名詞が話し相手にとって初めての情報であるとき，その名詞の前に不定冠詞または部分冠詞を置きます。

不定冠詞

その名詞が数えられる場合，不定冠詞を使います。1つ（単数）の場合，男性名詞には un，女性名詞には une を置きます。複数ある場合は，男性名詞，女性名詞に関係なく des を使います。

	単数	複数
男性	un chat アン シャ（猫）	des chats デ シャ
女性	une rose ユヌ ロズ（バラ）	des roses デ ロズ

部分冠詞

話し相手に初めて提示する名詞が，水や肉など，数えられない量の場合，部分冠詞を使います。男性名詞は du，女性名詞は de la を置きます。

男性	du thé デュ テ（紅茶） de l'argent♦ ドゥ ラルジャン（お金）
女性	de la viande ドゥ ラ ヴィアンドゥ（肉） de l'eau♦ ドゥ ロ（水）

> ♦ 男性名詞，女性名詞に関係なく，母音で始まる数えられない名詞には，de l' を使い，その名詞と連結させます。（➡エリズィオン p.18）

🌀 定冠詞

ある名詞が既に話題になっていて，話し手と聞き手との間で「ああ，それね」と特定できる場合や，「le sac de Paul（ポールのカバン）」のように，特定の人（物）によって対象が限定されている場合，そして「〜というもの」と名詞の総称を表す場合には，定冠詞が用いられます。

不定冠詞と同様に名詞の性によって形が変わり，単数のときは le，la，複数のときは男性名詞，女性名詞に関係なく les を使います。

	単数	複数
男性	le chien ル シヤン （犬） l'avion♦ ラヴィヨン （飛行機）	les chiens レ シヤン les avions♦ レザヴィヨン
女性	la gare ラ ギャル （駅） l'école♦ レコル （学校）	les gares レ ギャル les écoles♦ レゼコル

◆ 母音で始まる名詞が le または la に後続する場合，l' となり，その名詞と連結します。
（➡ エリズィオン p.18）
◆ les の後に母音で始まる名詞が続く場合は，s が次の母音につながって発音されます。
（➡ リエゾン p.17）

☻ 指示形容詞

話題になっている物事や目の前にあるものを指し示して「この〜，その〜，あの〜」と言うときに，名詞の前に置いて使います。

指示形容詞は，後に置かれる名詞の性・数に応じて形が変わり，男性名詞の前には ce (cet)，女性名詞の前には cette を置きます。複数のときは，男性名詞・女性名詞に関係なく，ces を使います。

	単数	複数
男性	ce ス 例：ce magasin （この店）	ces セ ces magasins
	cet セトゥ 母音で始まる男性名詞に付きます。 例：cet arbre◇ セタルブル （この木）	ces arbres◆ セザルブル
女性	cette セトゥ 例：cette fleur （この花） 母音で始まる女性名詞も cette を使います。 例：cette école◇ セテコル （この学校）	ces セ ces fleurs ces écoles◆ セゼコル

◇ cet や cette は，発音される子音字 (t/te) と後続する名詞の語頭の母音が連結して発音されます。　　　　　　　　　　　　　　　　（➡アンシェヌマン p.18）

◆ ces は，発音されない子音字 (s) が後続する名詞の語頭の母音と連結して発音されます。　　　　　　　　　　　　　　　　　　　　　　　　（➡リエゾン p.17）

♣ 所有形容詞

名詞の前に置かれ,「私の～, 君の～」といった意味を表します。所有形容詞も, 名詞の性や数によって形が変わります。

	男性	女性	複数
私の	mon モン	ma マ	mes メ
君の	ton トン	ta タ	tes テ
彼の・彼女の (その)	son ソン	sa サ	ses セ
私たちの	notre ノトゥル		nos ノ
あなたの あなた(君)たちの	votre ヴォトゥル		vos ヴォ
彼らの・彼女らの (それらの)	leur ルル		leurs ルル

例えば, mon école (私の学校) と言えば,「私が所有している (経営している) 学校」だけでなく「私が通っている学校」という意味にもなりえます。

このように, 所有形容詞は, その名詞と人称との間に何かしらの関係があることを示し, 文脈によって意味が決定します。

🔵 前置詞 à

前置詞 à には様々な用法がありますが，特に aller（行く）や arriver（到着する）といった移動に関する動詞とよく一緒に使われ，このとき à は，「方向・到達点（〜に，〜へ）」を表します。この前置詞は，直後に置かれる定冠詞によって形が変わります。

- à ＋冠詞が付かない名詞
  aller à Paris　　パリに行く

- à ＋男性形の定冠詞
  aller **au** restaurant　　レストランに行く

- à ＋女性形の定冠詞
  aller à **la** poste　　郵便局に行く

- à ＋母音で始まる名詞に付く **l'**
  aller à **l'**aéroport　　空港に行く

- à ＋複数形の定冠詞
  aller **aux** toilettes　　トイレに行く

à の後に男性形の定冠詞が続く場合は，à＋le が au（オ [o]）に変わります。複数形の定冠詞が続く場合は，à＋les が aux（オ [o]）に変わり，女性形の定冠詞や母音で始まる名詞に付く l' が続く場合，冠詞が付かない名詞の場合は変化しません。

🔵 前置詞 de

前置詞 à と同様，たくさんの用法があります。その中でもまずおさえておきたいのは，出身や起点を表す「〜から」と所有や所属を表す「〜の」です。この前置詞も，後に置かれる前置詞によって形が変わります。

- de ＋冠詞が付かない名詞
  C'est la cravate **de** Jacques.　　これはジャックのネクタイです。

- de ＋男性形の定冠詞
  Charles sort **du** café.　　シャルルがカフェから出てきます。

- de ＋女性形の定冠詞
  Quel est le numéro **de la** chambre.　　寝室の番号は何番ですか。

- de ＋母音で始まる名詞に付く l'
  Il est professeur **de l'**école de danse.
  　　彼は，ダンススクールの講師です。

- de ＋複数形の定冠詞
  Il vient **des** États-Unis.　　彼はアメリカ出身です。

deの後に男性形の定冠詞が続く場合，de＋leがdu（デュ [dy]）に変わり，
複数形の定冠詞が続く場合は，de＋les が des（デ [de]）に変わります。
女性形の定冠詞や母音で始まる名詞に付く l' が続く場合，人名など冠詞
が付かない名詞が続く場合は変化しません。

👑 主語人称代名詞

文の中で動詞の主語となる代名詞は以下の 8 種です。

私は	je (j') ジュ	私たちは	nous ヌ
君は	tu テュ	あなたは あなた（君）たちは	vous ヴ
彼（それ）は	il イル	彼ら（それら）は	ils イル
彼女（それ）は	elle エル	彼女ら（それら）は	elles エル

覚えておきたいポイント

● フランス語の動詞は，それぞれの主語人称代名詞に応じて形が変化します。これを動詞の活用と言います。動詞の活用を覚えるときは，活用した動詞だけでなく，主語人称代名詞と一緒に覚えましょう。

● je（私は）は，後続する動詞が母音で始まるとき，e が「'」に変わり，動詞と連結します。　　　　　　　　　　　　　　➡ エリズィオン p.18

　　aimer（〜を愛する，好む）➡ j'aime

● フランス語では，話し相手との関係により，tu または vous を使います。tu は，友人や家族など，親しい間柄のときに使います。
それに対して vous は，あまりよく知らない，あるいは目上の相手に使いますが，親しい，親しくないに関わらず，「あなたたちは，君たちは」という意味としても使われます。

● il/elle，ils/elles については，それぞれ「それは」，「それらは」という意味もあり，物を指し示します。話題になっている物が男性名詞なら il/ils，女性名詞なら elle/elles を使います。

　　Regarde cette robe. Elle est très jolie !
　　　このドレスを見て。（それは）とてもきれいね。

　　　　　　　　　Elle は « cette robe » を指しています。

👑 非人称構文の主語 il

il には，「非人称 il」という使われ方があります。「彼（それ）は」という意味はなく，形式的に主語の位置に置かれ，天気や時間を言うときなどに使われます。

Il fait beau aujourd'hui.	今日は天気がいいです。
Il est 8 heures.	8 時です。
Il y a un chat sur la chaise.	いすの上に猫が一匹います。
Il faut partir ce soir.	今夜出発しなければなりません。

Il y a 〜：
〜がある，いる

🌙 不定代名詞 on

誰かを特定せず，文脈によって一般的な「人，人々，誰か」を表したり，日常会話では，nous（私たち）の代わりに頻繁に使われたりします。活用は，3人称単数（il, elle）と同じです。

On parle anglais et français au Canada.

カナダでは，（人々は）英語とフランス語を話します。

On habite ensemble.　　私たちは一緒に住んでいます。

On y va !　　　　　　　行こう！

🌙 指示代名詞 ça, ce

ça（サ [sa]）は話題になっている物事や目の前にある物を指し示して「これ，それ，あれ」と言うときに使います。日常会話では様々な表現で使われています。

J'aime ça.　　　　　　私はそれが好きです。／それが気に入っています。

Ça coûte combien ?　　いくらですか。

Ça va ?　　　　　　　元気？／大丈夫？

ce（ス [sə]）については，動詞 être（〜である）の主語として，主に c'est（セ [sɛ]）の形で使われます。c'est 〜は，「これ／それ／あれは〜である」と，人を紹介したり，物事を提示したりするための表現として幅広く使われています。

C'est monsieur Huot.　　こちらはユオットさんです。

C'est un livre.　　　　これは本です。

提示する人や物が複数の場合は，Ce sont 〜（ス ソン）となります。

Ce sont des crayons.　　これらは鉛筆です。

> 日常会話では，C'est des crayons. とも言います。

また，C'est ～の後には形容詞を置くことができます。

C'est bon.　　（これ／それ／あれは）おいしいです。
C'est facile.　（これ／それ／あれは）簡単です。

⚜ 目的語代名詞

Je connais Marie.　私はマリーを知っています。

上の文では「～を知っている」を意味する動詞 connais（原形：connaître）の対象として Marie が置かれています。この場合，動詞の直後に置かれている名詞（Marie）は，直接目的語と呼ばれます。

Je téléphone à Marie.　私はマリーに電話します。

一方，こちらの文のように，à などの前置詞を伴って使われる動詞（téléphoner à ～：～に電話する）の目的語は間接目的語と呼ばれます。単語の繰り返しを避けるため，既に話題になっている名詞が直接目的語もしくは間接目的語となる場合は，目的語代名詞に置き換えます。

直接目的語代名詞

先ほどの Je connais Marie. の文で，Marie が既に話題になっていた場合は，「私は彼女を知っています」となりますね。
フランス語に直すと，Je la connais. となります。

フランス語では，直接・間接目的語代名詞は，動詞の前に置きます。目的語代名詞は，それぞれの人称に応じた形があります。

1人称	私	me (m') ム	私たち	nous ヌ
2人称	君	te (t') トゥ	あなた あなた(君)たち	vous ヴ
3人称	彼(それ) 彼女(それ)	le (l') ル la (l') ラ	彼(それ)ら 彼女(それ)ら	les レ

覚えておきたいポイント

● 単数形 (me, te, le, la) については，直後に置かれる動詞が母音で始まる場合，e や a が「'」に変わり，その動詞と連結します。

J'aime Marie.　私はマリーを愛しています。　　➡エリズィオン p.18

➡ Je l'aime.　私は彼女を愛しています。

●「目的語代名詞＋動詞」は，切り離しません。否定文のときは，「目的語代名詞＋動詞」を ne と pas で挟みます。

Je ne la connais pas.　私は彼女を知りません。

●「あす，彼女に会うつもりです」は，Je vais la voir demain. となります。この文には，vais（原形：aller）と voir の 2 つの動詞がありますが，voir（〜に会う）の方が意味的に「彼女に（la）」に関係が深いため，la を voir の直前に置きます。

これらの注意点は，後述の間接目的語代名詞でも同様です。

間接目的語代名詞

同様に，すでに Marie の話をしている場合，Je téléphone à Marie. の文は，à Marie を「彼女に」を意味する lui に置き換え，Je lui téléphone.「私は彼女に電話します」となります。

間接目的語代名詞は，「à ＋人」の代わりをし，それぞれの人称に応じて次のような形があります。

1人称	私	me (m') ム	私たち	nous ヌ
2人称	君	te (t') トゥ	あなた あなた(君)たち	vous ヴ
3人称	彼・彼女	lui リュイ	彼ら・彼女ら	leur ルル

me (m')，te (t')，nous，vous は，直接目的語代名詞と形が同じです。3人称については，男性・女性の区別がなくなります。また直接目的語代名詞 le (l')，la (l')，les と異なり，lui と leur は，人以外の代わり（それ／それら）になることはできません。

直接目的語代名詞と同様に，否定文のときは，「目的語代名詞＋動詞」は切り離しません。

　　Je ne lui téléphone pas.　私は彼／彼女に電話しません。

また，間接目的語代名詞も意味的に関係の深い動詞の前に置きます。

　　Je dois lui téléphoner demain.

　　　私はあす，彼／彼女に電話しなければなりません。

👑強勢形の人称代名詞

私	君	彼	彼女	私たち	あなた あなた(君)たち	彼ら	彼女ら
moi ムワ	toi トゥワ	lui リュイ	elle エル	nous ヌ	vous ヴ	eux ウ	elles エル

人称代名詞の強勢形は，例えば次の場合で使われます。

● C'est の後

　　Qui est M. Durand ? ─ C'est lui.
　　　　誰がデュランさんですか。─ 彼です。

● 前置詞の後

　　Elle prépare le petit déjeuner pour toi.
　　　　彼女は君のために朝食を準備しています。

　　Tu viens avec moi ?　私と一緒に来る？

● 主語の強調

　　Tu aimes les chiens ? Moi, j'aime les chats.
　　　　君は犬が好きなの？　私は，猫が好きです。

● et，aussi などと一緒に

　　Je suis étudiant. Et toi ? ─ Moi aussi.
　　　　私は学生です。君は？─ 私も（学生）です。

● être à の後に

　　Ce sac est à elle.　このカバンは彼女のです。

> この場合，「à＋人」は所有を表し，
> 間接目的語代名詞の lui とはなりません。

31

♛ 代名動詞

本書に掲載されている se lever (起きる)，se coucher (寝る)，s'appeler (〜という名前である)，s'asseoir (座る) は，代名動詞と呼ばれており，代名詞と動詞が一緒になった動詞です。

例えば，coucher という動詞を辞書で調べると「(他人を) 寝かせる」という意味はありますが，「(自分が) 寝る」という意味がありません。そのため，自分が寝るときは，coucher の前に主語に対応する再帰代名詞 se を置き，「自分自身を寝かせる」と表現します。

se coucher は辞書に掲載されている形で，se は，je <u>me</u> couche，tu <u>te</u> couches ... と主語に応じて形が変化します。

se coucher (寝る，横になる)			
私は	je me couche ム　クシュ	私たちは	nous nous couchons ヌ　クション
君は	tu te couches トゥ　クシュ	あなたは あなた (君) たちは	vous vous couchez ヴ　クシェ
彼 (それ) は	il se couche ス　クシュ	彼ら (それら) は	ils se couchent ス　クシュ
彼女 (それ) は	elle se couche ス　クシュ	彼女 (それら) ら	elles se couchent ス　クシュ

否定形にするときは，代名詞と動詞は切り離さず，一緒に ne と pas の間に置きます。

否定文の作り方 ➡ p.34

🔵 不定詞をとる動詞

英語の助動詞（例：can）のように，フランス語の動詞には，直後に不定詞（動詞の原形）を置くことができるものがあります。

- aimer + 不定詞　〜することが好きだ

  J'aime chanter.　私は歌うことが好きです。

- vouloir + 不定詞　〜したい

  Je veux aller en France.　私はフランスに行きたいです。

- J'aimerais/Je voudrais + 不定詞　〜したい

  J'aimerais dire un mot à ton professeur.

  　　私は君の先生とお話ししたいです。

  Je voudrais dîner dans ce nouveau restaurant.

  　　あの新しいレストランでディナーしたいなぁ。

- devoir + 不定詞　〜しなければならない

  Je dois finir ce travail aujourd'hui.

  　　私は今日この仕事を終えなければなりません。

- aller + 不定詞　〜するつもりだ（近接未来）

  Je vais aller au cinéma avec mes amis demain.

  　　私はあす，友人と映画館に行くつもりです。

- venir de + 不定詞　〜したところである（近接過去）

  Je viens de prendre mon petit déjeuner.

  　　私は朝食をとったばかりです。

- Il faut + 不定詞　〜しなければならない

  Il faut appeler la police !　警察を呼ばないと！

「私は〜したい」を意味する J'aimerais/Je voudrais ＋不定詞は，それぞれ aimer/vouloir の条件法現在形で仏検 5 級レベルではありませんが，会話ではとてもよく使われるため，本書の例文で掲載しています。なお，Je voudrais と J'aimerais の意味に違いはありません。

👑 否定文の作り方

- フランス語で否定文を作るには，動詞を ne と pas で挟みます。

    Je **ne** suis **pas** étudiant.　　私は学生ではありません。

- 動詞が母音で始まっている場合，ne が n' となり，動詞と連結します。

    Je **n**'aime **pas** le café.　　　　　　　　　➡エリズィオン p.18
    　私はコーヒーが好きではありません。

- 直接目的語に付いた不定冠詞（un, une, des）や部分冠詞（de, de la, de l'）は，否定文では，de（d'）に変わります。

    Il n'y a pas **de** piano chez moi.　　私の家にはピアノがありません。

> **注意**　C'est など，動詞 être の後に来る不定冠詞・部分冠詞は，否定文になっても de（d'）とはなりません。
>
> 　　C'est **un** crayon.　　これは鉛筆です。
>
> 　　Ce n'est **pas un** crayon.　　これは鉛筆ではありません。

- 動詞の直前に代名詞を伴う文は，動詞と切り離さずに ne と pas の間に置きます。

    Il **ne** me connaît **pas**.　　彼は私を知りません。（➡直接目的語代名詞）

    Je **ne** leur téléphone **pas** souvent.
    　私は彼らにあまり電話しません。（➡間接目的語代名詞）

    Elle **ne** se lève **pas** tôt.　　彼女は早く起きません。（➡代名動詞）

- 不定詞を伴う文では，不定詞は ne と pas で挟みません。

    Je **ne** vais **pas** aller au cinéma avec mes amis demain.
    　私はあす，友人と映画館に行かないつもりです。

仏検

5級レベル

重要単語

12 la **famille**
[famij]
ファミィユ

🟥女 家族

🔵pl. les familles

les **parents**
[parɑ̃]
パラン

🟥複 両親

> 通常，複数形で使われるが，
> 単数形 **parent**男 では，
> どちらか一方の親となる。

le **père**
[pɛr]
ペル

🟦男 父

🔵pl. les pères

la **mère**
[mɛr]
メル

🟥女 母

🔵pl. les mères

le **mari**
[mari]
マリ

🟦男 夫

🔵pl. les maris

la **femme**
[fam]
ファム

🟥女 女性，妻

🔵pl. les femmes

le **fils**
[fis]
フィス

🟦男 息子

🔵pl. les fils

Ma famille est grande. 私の家族は大家族です。

Mes parents sont professeurs. 私の両親は先生です。

Mon père prend du café tous les matins. 私の父は毎朝コーヒーを飲みます。

Ma mère travaille dans un lycée. 私の母は高校で働いています。

Je vois souvent le mari de Juliette dans cette rue. 私はあの通りでジュリエットの夫によく会います。

Sa femme est belge. 彼の妻はベルギー人です。

J'ai trois fils. 私は3人の息子がいます。

la **fille**
[fij]
フィユ

女 娘，女の子

pl. les filles

le **frère**
[frɛr]
フレル

男 兄弟，兄，弟

pl. les frères

la **sœur**
[sœr]
スル

女 姉妹，姉，妹

pl. les sœurs

l'**enfant**
[ãfã]
アンファン

定冠詞と一緒に
発音すると
[lãfã]
ランファン

男 女 子ども

pl. les enfants

les **grands-parents**
[grãparã]
グランパラン

複 祖父母

le **grand-père**
[grãpɛr]
グランペル

男 祖父，おじいさん

pl. les grands-pères

la **grand-mère**
[grãmɛr]
グランメル

女 祖母，おばあさん

pl. les grands-mères

Mes filles habitent en France.

私の娘たちはフランスで暮らしています。

Mon frère a vingt ans.

私の兄（弟）は 20 歳です。

Ma sœur étudie l'anglais à l'université.

私の姉（妹）は大学で英語を勉強しています。

l'université： 女 大学

Vous avez combien d'enfants ?
Combien d'enfants avez-vous ?

子どもは何人いますか。

よりフォーマルな聞き方

J'habite chez mes grands-parents.

私は祖父母宅に住んでいます。

Mon grand-père fait du tennis.

私の祖父はテニスをしています。

Ma grand-mère aime faire des gâteaux.

私の祖母はケーキを作るのが好きです。

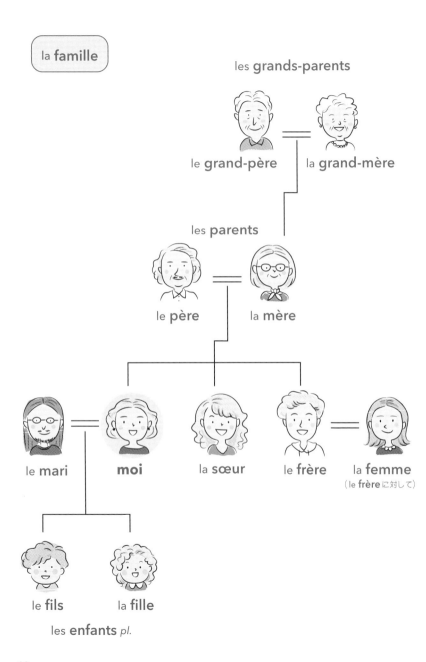

la **famille**

les **grands-parents**

le **grand-père**　la **grand-mère**

les **parents**

le **père**　la **mère**

le **mari**　**moi**　la **sœur**　le **frère**　la **femme**
（le **frère**に対して）

le **fils**　la **fille**

les **enfants** pl.

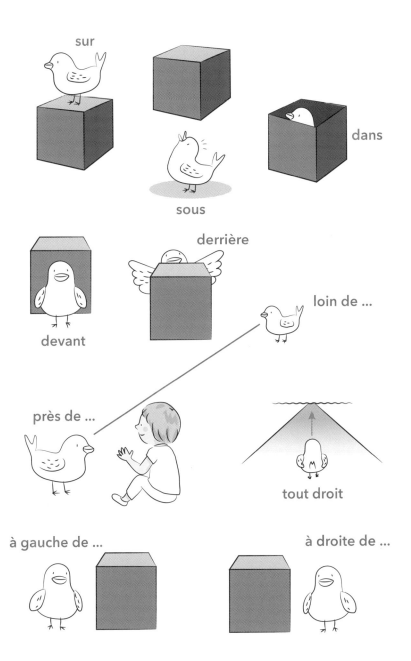

sur

dans

sous

derrière

devant

loin de ...

près de ...

tout droit

à gauche de ...

à droite de ...

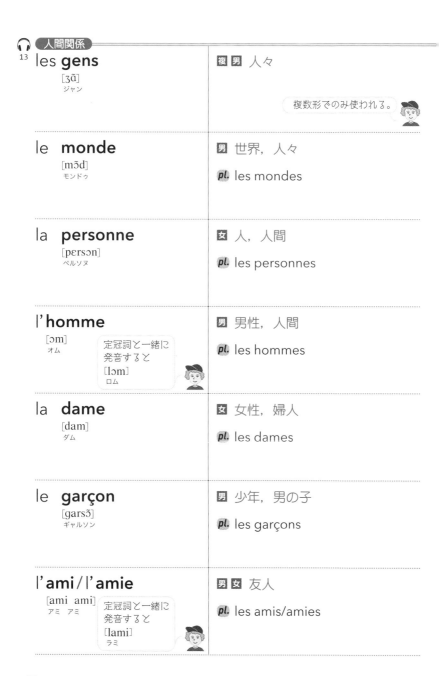

🎧 （人間関係）

13 les **gens**
[ʒɑ̃]
ジャン

複 男 人々

複数形でのみ使われる。

le **monde**
[mɔ̃d]
モンドゥ

男 世界，人々

pl. les mondes

la **personne**
[pɛrsɔn]
ペルソヌ

女 人，人間

pl. les personnes

l' **homme**
[ɔm]
オム

定冠詞と一緒に
発音すると
[lɔm]
ロム

男 男性，人間

pl. les hommes

la **dame**
[dam]
ダム

女 女性，婦人

pl. les dames

le **garçon**
[garsɔ̃]
ギャルソン

男 少年，男の子

pl. les garçons

l' **ami** / l' **amie**
[ami ami]
アミ　アミ

定冠詞と一緒に
発音すると
[lami]
ラミ

男 女 友人

pl. les amis / amies

42

Beaucoup de gens chantent dans la rue.

たくさんの人が通りで歌っています。

> dans la rue：通りで

Il y a du monde sur la place.

広場にたくさんの人がいます。

> sur la place：広場で

Cette chambre est pour 2 personnes.

この部屋は 2 人用です。

Je ne connais pas cet homme.

私はこの男性を知りません。

Cette dame est la mère de Paul.

あの女性はポールの母です。

Un garçon joue dans le jardin.

庭で男の子が遊んでいます。

J'ai un ami américain.

私にはアメリカ人の友人がいます。

le **monsieur**	**男** 男性に対する呼びかけ,
[məsjø]	〜さん, 男性
ムスィゥ	

「男性」という意味で使われる場合に冠詞が付く。

pl. les messieurs

省略形
: M

---

madame	**女** 女性に対する呼びかけ, 婦人,
[madam]	〜さん
マダム	

pl. mesdames

省略形
: Mme

---

mademoiselle	**女** お嬢さん, 〜さん
[mad(ə)mwazɛl]	
マドゥムワゼル	

pl. mesdemoiselles

省略形
: Mlle

---

connaître*	**動** (人や場所を) 知っている, (人と)
[kɔnɛtr]	知り合いである
コネトゥル	

connaitre とも書く。
(新つづり)

je	connais	nous	connaissons
tu	connais	vous	connaissez
il/elle	connaît/connait	ils/elles	connaissent

---

inviter	**動** 〜を招く, 招待する
[ɛ̃vite]	
アンヴィテ	

---

attendre*	**動** 〜を待つ
[atɑ̃dr]	
アタンドゥル	

j'	attends	nous	attendons
tu	attends	vous	attendez
il/elle	attend	ils/elles	attendent

🎧 **身分・職業・身元**

14 **l'étudiant / l'étudiante** **男** **女** 大学生

[etydjɑ̃ etydjɑ̃t]
エテュディアン エテュディアントゥ

pl. les étudiants/étudiantes

定冠詞と一緒に発音すると
[letydjɑ̃ letydjɑ̃t]
レテュディアン レテュディアントゥ

Merci, monsieur.

（男性に対して）ありがとう
ございます。

Madame Durand est dans le
jardin.

デュラン夫人は庭にいます。

現在，未婚女性の敬称としての mademoiselle は，行政文書の中では使わ
れていません。日常会話においては，特に若い女性に対して使われることは
ありますが，mademoiselle の使用に不快感を覚える人もいるため，使用
を避ける人も増えています。とはいえ，年代によっては映画や小説の中など
で使われていることがあるためこの単語は知っておくのがよいでしょう。

Est-ce que vous connaissez M.
Rousseau ?

ルソーさんを知っていますか。

Je vais inviter mon ami Gilbert à
dîner ce soir.

私は今夜夕食に友人のジルベ
ールを招待するつもりです。

Beaucoup d'étudiants attendent
le bus devant la gare.

たくさんの学生が駅前でバ
スを待っています。

Cet étudiant vient à l'université
en voiture.

この学生は車で大学に来て
います。

l'université：女 大学

le **lycéen** / la **lycéenne** [liseɛ̃ liseɛn] リセアン　リセエヌ	**男** **女** リセの生徒，高校生 *pl.* les lycéens/lycéennes
l'**élève** [elɛv] エレヴ　定冠詞と一緒に 発音すると [lelɛv] レレヴ	**男** **女** 生徒 *pl.* les élèves
le **professeur** / la **professeure** [prɔfesœr prɔfesœr] プロフェスル　プロフェスル	**男** **女** 先生，大学の教授 *pl.* les professeurs/professeures
le **médecin** [med(ə)sɛ̃] メドゥサン	**男** 医者 *pl.* les médecins 　女性の医者にも médecin を用いる。
s'appeler* [sap(ə)le] サプレ	**動** ^{名前}～という名前である je m'appelle　nous nous appelons tu t'appelles　vous vous appelez il/elle s'appelle　ils/elles s'appellent
le **nom** [nɔ̃] ノン	**男** 名前 *pl.* les noms
l'**adresse** [adrɛs] アドレス　定冠詞と一緒に 発音すると [ladrɛs] ラドレス	**女** 住所 *pl.* les adresses

46

Ce lycéen revient d'Italie.

この高校生はイタリア出身です。

Beaucoup d'élèves de cette classe habitent près de l'école.

このクラスのたくさんの生徒は，学校の近くに住んでいます。

Il est professeur de français.

彼はフランス語の先生です。

Je veux devenir médecin.

私は医者になりたいです。

Il s'appelle Gustave.

彼はギュスターヴという名前です。

Quel est votre nom ?

あなたのお名前は？

Est-ce que tu as l'adresse de Céline ?

セリーヌの住所わかる？

直訳：セリーヌの住所持ってる？

47

le **travail**
[travaj]
トゥラヴァイユ

男 仕事

pl. les travaux

l'**âge**
[aʒ]
アジュ

定冠詞と一緒に
発音すると
[laʒ]
ラジュ

男 年齢

pl. les âges

15 **être***
[ɛtr]
エトゥル

動 ～である

je	suis	nous	sommes
tu	es	vous	êtes
il/elle	est	ils/elles	sont

avoir*
[avwar]
アヴワル

動 ～を持っている

j'	ai	nous	avons
tu	as	vous	avez
il/elle	a	ils/elles	ont

16 **vouloir***
[vulwar]
ヴルワル

動 ～をのぞむ，欲する

je	veux	nous	voulons
tu	veux	vous	voulez
il/elle	veut	ils/elles	veulent

pleurer
[plœre]
プルレ

動 泣く

content/contente
[kɔ̃tɑ̃ kɔ̃tɑ̃t]
コンタン コンタントゥ

形 うれしい，満足している

Je voyage souvent en France pour mon travail.	私はよくフランスに出張します。
Quel âge as-tu ?	君は何歳？
Je suis médecin.	私は医者です。
J'ai deux enfants.	私には子どもが2人います。
Je veux aller en France.	私はフランスに行きたいです。

vouloir +不定詞：〜したい

Un petit garçon pleure dans la rue.	通りで小さな男の子が泣いています。
Il est content de partir en vacances.	彼はバカンスに出かけるのをうれしいと思っています。

être content(-e) de 〜：
〜してうれしい

heureux / heureuse
[ørø ørøz]
ウル ウルズ

形 うれしい，幸せな

triste
[trist]
トゥリストゥ

形 悲しい

le **plaisir**
[plezir]
プレズィル

男 喜び

pl. les plaisirs

la **faim**
[fɛ̃]
ファン

女 空腹

la **soif**
[swaf]
スワフ

男 のどの渇き

le **sommeil**
[sɔmɛj]
ソメイユ

男 眠気，眠り

la **raison**
[rɛzɔ̃]
レゾン

女 理由，理性

pl. les raisons

Nous sommes heureux d'avoir un grand jardin.

私たちは大きな庭を持てて幸せです。

être heureux(-se) de 〜 :
〜して幸せだ

Je n'aime pas les chansons tristes.

私は悲しい歌は好きではありません。

Il fait la cuisine pour le plaisir.

彼は趣味で料理をしています。

Mon chat a toujours faim.

私の猫はいつもおなかをすかせています。

avoir faim :
おなかがすいている

J'ai soif, je veux de l'eau.

のどが渇きました。水が飲みたいです。

avoir soif :
のどが渇いている

J'ai sommeil après le déjeuner.

昼食の後は眠いです。

avoir sommeil : 眠い

Je pense qu'elle a raison.

私は彼女は正しいと思います。

que は名詞節を導く。
penser que 〜 : 〜だと思う

l'attention

[atɑ̃sjɔ̃]
アタンスィヨン

定冠詞と一緒に
発音すると
[latɑ̃sjɔ̃]
ラタンスィヨン

女 注意

pl. les attentions

> Attention! : 気をつけて！

le **mal**

[mal]
マル

男 痛み，悪

pl. les maux

le **chaud**

[ʃo]
ショ

男 暑さ，熱

le **froid**

[frwa]
フルワ

男 寒さ，寒気

🎧 **日常生活**

17 **se coucher**

[sə kuʃe]
スクシェ

動 寝る，横になる

dormir*

[dɔrmir]
ドルミル

動 眠る

je	dors	nous	dormons
tu	dors	vous	dormez
il/elle	dort	ils/elles	dorment

se lever*

[sə l(ə)ve]
ス ルヴェ

動 立ち上がる，起きる，起床する

je	me lève	nous	nous levons
tu	te lèves	vous	vous levez
il/elle	se lève	ils/elles	se lèvent

Attention, le train arrive.

気をつけて，電車が到着するよ。

Je ne vais pas à l'école parce que j'ai mal à la tête.

私は頭が痛いから学校に行きません。

J'ai chaud. Peux-tu ouvrir la fenêtre ?

暑いです。窓を開けてくれない？

avoir chaud：暑い

As-tu froid ? Prends ce manteau.

寒いの？ このコートを持って行って。

avoir froid：寒い　　le manteau：**男** コート

Mes enfants se couchent à 8 heures du soir.

子どもたちは夜8時に寝ます。

Mon chat dort sur la chaise.

猫はいすの上で寝ています。

Mon père se lève à 5 heures du matin.

私の父は朝5時に起きます。

la chose

[ʃoz]
ショズ

女 物，事

pl. les choses

18 s'asseoir*(s'assoir*)

[saswar]
サスワル

動 座る，席につく

je	m'assieds/m'assois	nous	nous asseyons
tu	t'assieds/t'assois	vous	vous asseyez
il/elle	s'assied/s'assoit	ils/elles	s'asseyent

mettre*

[mɛtr]
メトゥル

動 ～を置く，入れる

je	mets	nous	mettons
tu	mets	vous	mettez
il/elle	met	ils/elles	mettent

donner

[dɔne]
ドネ

動 ～を与える，渡す

recevoir*

[r(ə)səvwar]
ルスヴワル

動 ～を受ける，受け取る，もらう

je	reçois	nous	recevons
tu	reçois	vous	recevez
il/elle	reçoit	ils/elles	reçoivent

コミュニケーション

19 dire*

[dir]
ディル

動 ～を言う

je	dis	nous	disons
tu	dis	vous	dites
il/elle	dit	ils/elles	disent

parler

[parle]
パルレ

動 話す

Les professeurs ont beaucoup de choses à faire en mars.

3月は教師はやることがたくさんあります。

Asseyez-vous sur une chaise.

いすにお座りください。

Je mets des pommes de terre dans la soupe.

私はスープの中にジャガイモを入れます。

Je donne de l'eau à mes fleurs tous les matins.

私は毎朝花に水をやっています。

Je suis heureuse de recevoir des lettres de mes enfants.

私は子どもたちからの手紙を受け取って幸せです。

Dis bonjour à ton oncle.

おじさんにあいさつしなさい。

l'oncle：男 おじ

Il parle bien français.

彼はフランス語をうまく話します。

le **mot**
[mo]
モ

男 言葉, 単語

pl. les mots

la **question**
[kɛstjɔ̃]
ケスティヨン

女 質問, 問題

pl. les questions

répondre*
[repɔ̃dr]
レポンドゥル

動 [à 〜] 〜に答える

je	réponds	nous	répondons
tu	réponds	vous	répondez
il/elle	répond	ils/elles	répondent

appeler*
[ap(ə)le]
アプレ

動 〜を呼ぶ, 〜に電話する

j'	appelle	nous	appelons
tu	appelles	vous	appelez
il/elle	appelle	ils/elles	appellent

téléphoner
[telefɔne]
テレフォネ

動 [à 〜] 〜に電話する

可能性・必要性

20 **pouvoir***
[puvwar]
プヴワル

動 〜できる

je	peux/puis	nous	pouvons
tu	peux	vous	pouvez
il/elle	peut	ils/elles	peuvent

possible
[pɔsibl]
ポスィブル

形 可能な, ありうる

J'aimerais dire un mot à ton professeur.

私は君の先生とお話ししたいです。

dire un mot à ~ : ~に一言言う

J'ai une question.

質問があります。

Je ne veux pas répondre à cette question.

私はその質問には答えたくありません。

Il faut appeler la police !

警察を呼ばないと！

la police : 女 警察

Je téléphone à mes parents une fois par semaine.

私は週に一回両親に電話します。

la fois : 女 回

Est-ce que je peux faire quelque chose pour toi ?

私に（君のために）何かできることある？

Est-ce qu'elle connaît l'adresse de Léo ? — C'est possible.

彼女はレオの住所知ってるかな。――ありえるね。

impossible
[ɛ̃pɔsibl]
アンポスィブル

形 不可能な，ありえない

falloir*
[falwar]
ファルワル

動 [Il faut 〜] 〜が必要である
[Il faut ＋不定詞] 〜しなけれ
ばならない

活用はII fautのみ。

nécessaire
[nesesɛr]
ネセセル

形 必要な

devoir*
[d(ə)vwar]
ドゥヴワル

動 [＋不定詞] 〜すべきである，
しなければならない

je	dois	nous	devons
tu	dois	vous	devez
il/elle	doit	ils/elles	doivent

🎧 学習・思考

²¹ le **devoir**
[d(ə)vwar]
ドゥヴワル

男 宿題，義務

pl. les devoirs

l'examen
[ɛgzamɛ̃]
エグザマン

定冠詞と一緒に
発音すると
[legzamɛ̃]
レグザマン

男 テスト，試験

pl. les examens

la classe
[klɑs]
クラス

女 クラス，授業

pl. les classes

58

Il arrive à la gare à 10 heures ! ? C'est impossible !	彼，10時に駅に着くの!? まさか！
Il faut acheter du poisson pour le dîner.	夕食に魚を買わないと。
Ce papier n'est pas nécessaire.	その書類は必要ありません。
Je dois partir à 6 heures du matin demain.	私はあす，朝6時に出発しなければなりません。
J'ai beaucoup de devoirs pour demain.	私はあすまでの宿題がたくさんあります。
J'ai un examen difficile aujourd'hui.	今日，難しい試験があります。
Il y a 20 étudiants dans ma classe.	私の授業には20名の学生がいます。

la **leçon** [l(ə)sɔ̃] ルソン	🟥女 授業，レッスン，（教科書の）課 *pl.* les leçons

le **français** [frɑ̃sɛ] フランセ	🟦男 フランス語

le **japonais** [ʒapɔnɛ] ジャポネ	🟦男 日本語

l' **anglais** [ɑ̃glɛ] アングレ　定冠詞と一緒に 発音すると [lɑ̃glɛ] ラングレ	🟦男 英語

apprendre*
[aprɑ̃dr]
アプランドゥル

🟢動 〜を学ぶ，教える

j'	apprends	nous	apprenons
tu	apprends	vous	apprenez
il/elle	apprend	ils/elles	apprennent

comprendre*
[kɔ̃prɑ̃dr]
コンプランドゥル

🟢動 〜がわかる，〜を理解する

je	comprends	nous	comprenons
tu	comprends	vous	comprenez
il/elle	comprend	ils/elles	comprennent

savoir*
[savwar]
サヴワル

🟢動 〜を知っている
　　　〜する技能を持っている

je	sais	nous	savons
tu	sais	vous	savez
il/elle	sait	ils/elles	savent

Ma leçon de piano finit à 17 heures.

私のピアノのレッスンは17時に終わります。

Au Canada, on parle anglais et français.

カナダでは（人々は）英語とフランス語を話します。

Victor veut apprendre le japonais.

ヴィクトールは日本語を習いたがっています。

Vous parlez anglais？

あなたは英語を話しますか。

J'apprends le français.

私はフランス語を習っています。

Comprenez-vous l'italien？

あなたはイタリア語がわかりますか。

Je sais qu'il veut aller en France.

私は彼がフランスへ行きたいことを知っています。

penser
[pɑ̃se]
パンセ

動 考える

entendre*
[ɑ̃tɑ̃dr]
アンタンドゥル

動 ～が聞こえる，～を理解する

j'	entends	nous	entendons
tu	entends	vous	entendez
il/elle	entend	ils/elles	entendent

lire*
[lir]
リル

動 ～を読む，読書する

je	lis	nous	lisons
tu	lis	vous	lisez
il/elle	lit	ils/elles	lisent

écrire*
[ekrir]
エクリル

動 ～を書く

j'	écris	nous	écrivons
tu	écris	vous	écrivez
il/elle	écrit	ils/elles	écrivent

🎧 文具・文書・見聞

22 le **crayon**
[krɛjɔ̃]
クレイヨン

男 鉛筆

pl. les crayons

le **journal**
[ʒurnal]
ジュルナル

男 新聞

pl. les journaux

la **nouvelle**
[nuvɛl]
ヌヴェル

女 ニュース，通知，近況

pl. les nouvelles

62

Je pense qu'il n'aime pas les chiens.

私は，彼は犬が好きでなないと思います。

J'entends la musique de sa chambre.

彼の寝室から音楽が聞こえます。

Emma aime lire des livres.

エマは読書が好きです。

Mon cousin écrit un livre.

私のいとこは本を書いています。

le cousin／la cousine：男女 いとこ

As-tu un crayon ?

鉛筆 1 本ある？

Mon père lit un journal.

私の父は新聞を読んでいます。

Je ne veux pas écouter de tristes nouvelles.

悲しいニュースは聞きたくありません。

As-tu des nouvelles de Marie ?

マリーの近況は？

le **livre**	男 本
[livr] リヴル	**pl.** les livres

le **papier**	男 紙, 書類
[papje] パピエ	**pl.** les papiers

la **lettre**	女 手紙, 文字
[lɛtr] レトゥル	**pl.** les lettres

la **photo**	女 写真
[fɔto] フォト	**pl.** les photos

🎧 **買い物**

23 **acheter**＊
[aʃ(ə)te]
アシュテ

動 ～を買う

j'	achète	nous	achetons
tu	achètes	vous	achetez
il/elle	achète	ils/elles	achètent

vendre＊
[vãdr]
ヴァンドゥル

動 ～を売る

je	vends	nous	vendons
tu	vends	vous	vendez
il/elle	vend	ils/elles	vendent

prendre＊
[prãdr]
プランドゥル

je	prends	nous	prenons
tu	prends	vous	prenez
il/elle	prend	ils/elles	prennent

動 ～を手に取る, 買う
～を食べる, 飲む
～に乗る

Je lis un livre intéressant.　　　私はおもしろい本を読んで
　　　　　　　　　　　　　　　　います。

Mon fils fait un avion en papier.　私の息子は紙飛行機を作っ
　　　　　　　　　　　　　　　　ています。

J'écris une lettre à mes grands-　私は祖父母に手紙を書いて
parents.　　　　　　　　　　　　います。

J'ai une photo de famille dans　　寝室に家族写真があります。
ma chambre.

Tu achètes autre chose ?　　　　他に買うものは？

Ce magasin vend des chaussures　このお店は安い靴を売って
pas chères.　　　　　　　　　　います。

la chaussure : 女 靴　　　　　　pas cher/chère : 形 安い

Je prends un café au petit　　　　私は朝食にコーヒーを一杯
déjeuner.　　　　　　　　　　　飲みます。

choisir*

[ʃwazir]
シュワズィル

動 ～を選ぶ

je	choisis	nous	choisissons
tu	choisis	vous	choisissez
il/elle	choisit	ils/elles	choisissent

coûter

[kute]
クテ

動 値段が～である

couterとも書く。
（新つづり）

le prix

[pri]
プリ

男 値段

pl. les prix

cher/chère

[ʃɛr ʃɛr]
シェル　シェル

形 高い，高価な

payer*

[peje]
ペイエ

動 支払う

je	paie/paye	nous	payons
tu	paies/payes	vous	payez
il/elle	paie/paye	ils/elles	paient/payent

l'argent

[arʒɑ̃]
アルジャン

定冠詞と一緒に
発音すると
[larʒɑ̃]
ラルジャン

男 お金

一般的に複数形で用
いることは避ける。

🎧 **食事**

24 ## préparer

[prepare]
プレパレ

動 ～を準備する
　　～を調理する，作る

66

Pour commencer, choisis une carte.

まず始めにカードを選んで。

Ce pantalon coûte trop cher.

このズボンは高すぎます。

cher : 圖 値段が高く

Quel est le prix de cette voiture ?

この車はいくらですか。

En France, le vin n'est pas cher.

フランスではワインは安いです。

Est-ce que je peux payer par carte ?

クレジットカードで払えますか。

Mes grands-parents ont beaucoup d'argent.

私の祖父母はお金持ちです。

Mon frère prépare le dîner ce soir.

今夜は私の兄（弟）が夕食を準備しています。

la **cuisine**
[kɥizin]
キュイズィヌ

女 料理，キッチン

pl. les cuisines

le **repas**
[r(ə)pɑ]
ルパ

男 食事

pl. les repas

manger＊
[mɑ̃ʒe]
マンジェ

動 ～を食べる

je	mange	nous	mangeons
tu	manges	vous	mangez
il/elle	mange	ils/elles	mangent

boire＊
[bwar]
ブワル

動 ～を飲む

je	bois	nous	buvons
tu	bois	vous	buvez
il/elle	boit	ils/elles	boivent

le **petit déjeuner**
[p(ə)tideʒœne]
プティデジュネ

男 朝食

pl. les petits déjeuners

petit-déjeuner
[p(ə)tideʒœne]
プティデジュネ

動 朝食をとる

le **déjeuner**
[deʒœne]
デジュネ

男 昼食

pl. les déjeuners

Je fais la cuisine le week-end.　　　私は週末に料理をします。

Le soir, je prends un repas léger.　　夜は，私は軽い食事をとり
　　　　　　　　　　　　　　　　　ます。

Je mange une orange tous les
matins.　　　　　　　　　　　私は毎朝オレンジを一個食
　　　　　　　　　　　　　　べています。

Mes amis français boivent
beaucoup de bière tous les soirs.　私のフランス人の友人たち
　　　　　　　　　　　　　　は毎晩たくさんのビールを
　　　　　　　　　　　　　　飲みます。

Pascal prend du café au petit
déjeuner.　　　　　　　　　パスカルは朝食にコーヒー
　　　　　　　　　　　　　を飲みます。

Tu petit-déjeunes à quelle
heure ?　　　　　　　　　君は何時に朝食をとるの？

Je ne mange pas beaucoup au
déjeuner.　　　　　　　　　私は昼食はあまりたくさん
　　　　　　　　　　　　　食べません。

déjeuner
[deʒœne]
デジュネ

動 昼食をとる

le **dîner**
[dine]
ディネ

男 夕食

pl. les dîners

dînerとも書く。
（新つづり）

dîner
[dine]
ディネ

動 夕食をとる

🎧 食べ物

25 le **pain**
[pɛ̃]
パン

男 パン

pl. les pains

la **soupe**
[sup]
スプ

女 スープ

pl. les soupes

la **viande**
[vjɑ̃d]
ヴィヤンドゥ

女 肉, 肉料理

pl. les viandes

le **poisson**
[pwasɔ̃]
プワソン

男 魚

pl. les poissons

Je n'ai pas le temps de déjeuner.　私は昼食をとる時間があり
ません。

Le dîner est à quelle heure ?　夕食は何時ですか。

Ce soir, je vais dîner dans un
restaurant italien avec ma famille.　今夜，私は家族でイタリア
ンレストランで夕食をとり
ます。

Au petit déjeuner, je prends du
café avec du pain.　朝食は私はパンと一緒にコ
ーヒーを飲みます。

Je fais de la soupe de légumes.　私は野菜スープを作ってい
ます。

Ma mère ne mange pas de
viande.　私の母は肉を食べません。

J'ai deux poissons rouges.　私は金魚を 2 匹飼っていま
す。

poisson rouge：金魚

le **légume**	男 野菜
[legym]	
レギュム	*pl.* les légumes

la **tomate**	女 トマト
[tɔmat]	
トマトゥ	*pl.* les tomates

la **pomme de terre**	女 ジャガイモ
[pɔmdətɛr]	
ポムドゥテル	*pl.* les pommes de terre

le **gâteau**	男 菓子, ケーキ
[gɑto]	
ギャト	*pl.* les gâteaux

le **fromage**	男 チーズ
[frɔmaʒ]	
フロマジュ	*pl.* les fromages

le **riz**	男 米
[ri]	
リ	*pl.* les riz

le **fruit**	男 フルーツ
[frɥi]	
フリュイ	*pl.* les fruits

Mon père déteste les légumes.　　私の父は野菜が嫌いです。

détester：〜を嫌う

Je bois du jus de tomate tous les
matins.

私は毎朝トマトジュースを
飲んでいます。

le jus：男 ジュース

Un kilo de pommes de terre, s'il
vous plaît.

ジャガイモ 1 キロお願いし
ます。

J'aime faire des gâteaux.

私はケーキを作るのが好き
です。

Les Français mangent du
fromage après le repas.

フランス人は食後にチーズ
を食べます。

Tu veux du riz avec du poisson ?　　魚と一緒にお米もどう？

Tu mets des fruits dans ce
gâteau ?

このケーキにフルーツを入
れるの？

l' **orange**

[ɔrɑ̃ʒ]
オランジュ

定冠詞と一緒に
発音すると
[lɔrɑ̃ʒ]
ロランジュ

女 オレンジ

pl. les oranges

la **banane**

[banan]
バナヌ

女 バナナ

pl. les bananes

la **pomme**

[pɔm]
ポム

女 リンゴ

pl. les pommes

🎧 **飲み物**

26 l' **eau**

[o]
オ

定冠詞と一緒に
発音すると
[lo]
ロ

女 水

pl. les eaux

le **café**

[kafe]
キャフェ

男 コーヒー
カフェ

pl. les cafés

le **thé**

[te]
テ

男 紅茶

pl. les thés

le **lait**

[lɛ]
レ

男 ミルク，牛乳

pl. les laits

Ces oranges viennent des États-Unis.

これらのオレンジはアメリカ産です。

Paul aime le pain aux bananes de sa mère.

ポールは彼の母が作るバナナのパンが好きです。

Ce magasin vend de bonnes pommes.

このお店はおいしいリンゴを売っています。

Mon chat boit beaucoup d'eau.

私の猫は，たくさんの水を飲みます。

Je lis souvent des livres dans ce café.

私はこのカフェでよく本を読みます。

Voulez-vous du thé vert ?

グリーンティーはいかがですか。

thé vert：緑茶

Je mets souvent du lait dans le café.

私はコーヒーにミルクをよく入れます。

le **pain**

préparer

mettre

la soupe

le **poisson**

la viande

le **lait**

le **gâteau**

ouvrir

le **pantalon**

le **vin** la **bière** l'**eau**

le **riz**

boire

manger

le **fromage**

le **repas**

la **table**

la **chaise**

| le **vin** [vɛ̃] ヴァン | **男** ワイン |
| | **pl.** les vins |

| la **bière** [bjɛr] ビエル | **女** ビール |
| | **pl.** les bières |

🎧 **衣類・身につける物**

27 **porter** [pɔrte] ポルテ | **動** ～を身につけている ～を運ぶ |

| la **robe** [rɔb] ロブ | **女** ワンピース，ドレス |
| | **pl.** les robes |

| le **pantalon** [pɑ̃talɔ̃] パンタロン | **男** ズボン，スラックス |
| | **pl.** les pantalons |

| la **jupe** [ʒyp] ジュプ | **女** スカート |
| | **pl.** les jupes |

| la **cravate** [kravat] クラヴァトゥ | **女** ネクタイ |
| | **pl.** les cravates |

Je préfère le vin blanc au vin rouge. | 私は赤ワインより白ワインのほうが好きです。

Mon ami allemand ne boit pas de bière. | 私のドイツ人の友人はビールを飲みません。

Il porte une cravate rouge et noire. | 彼は赤と黒のネクタイをしています。

Elle porte une robe rouge. | 彼女は赤いドレスを着ています。

Je cherche un pantalon noir. | 私は黒いズボンを探しています。

Vous voulez une jupe de quelle couleur? | 何色のスカートをお求めですか。

Cette cravate coûte 5000 yens. | このネクタイは5000円です。

yen：男 円

79

le **sac**
[sak]
サク

男 袋，カバン，ハンドバッグ

pl. les sacs

la **montre**
[mɔ̃tr]
モントゥル

女 腕時計

pl. les montres

le **smartphone**
[smartfɔn]
スマルトゥフォヌ

男 スマートフォン

pl. les smartphones

🎧 色

28 **bleu / bleue**
[blø blø]
ブル　ブル

形 青い

rouge
[ruʒ]
ルジュ

形 赤い

jaune
[ʒon]
ジョヌ

形 黄色い

vert / verte
[vɛr vɛrt]
ヴェル　ヴェルトゥ

形 緑色の

Ce sac est à Paul.

このかばんはポールのです。

Ta montre est très chère, non ?

君の腕時計，とても高いん
じゃないの？

平叙文に「～ , non?」を付け足すと，念を押す表現になる。

Je veux un nouveau smartphone.

私は新しいスマートフォン
がほしいです。

Pour aller à Tokyo, on doit
prendre ce train bleu.

東京に行くにはあの青い電
車に乗らないと。

Ma fille veut un sac rouge.

娘は赤いかばんをほしがっ
ています。

Est-ce que tu connais cet oiseau
jaune ?

あの黄色い鳥知っている？

Mon chat a les yeux verts.

私の猫は目が緑色です。

noir / noire
[nwar nwar]
ヌワル　ヌワル

形 黒い，暗い

---

blanc / blanche
[blã blãʃ]
ブラン　ブランシュ

形 白い

---

la **couleur**
[kulœr]
クルル

女 色

pl. les couleurs

🎧 **家・住居**

29 **habiter**
[abite]
アビテ

動 住む

---

la **maison**
[mɛzɔ̃]
メゾン

女 家

pl. les maisons

---

l'**appartement**
[apartəmã]
アパルトゥマン

| 定冠詞と一緒に
発音すると
[lapartəmã]
ラパルトマン |

男 アパルトマン

pl. les appartements

日本のアパート
やマンションに
相当するが，特
に複数の部屋で
構成されている
居住空間のこと
をいう。ワンル
ームマンション
は，studio と呼
ばれる。

---

le **jardin**
[ʒardɛ̃]
ジャルダン

男 庭

pl. les jardins

82

J'ai un chat noir.　私は黒猫を1匹飼っています。

Je veux une chaise blanche dans ma chambre.　私は寝室に白いいすがほしいです。

De quelle couleur est ta maison ?　君の家は何色ですか。

「de」は性質や特徴を表す。(〜の, 〜を持った)

Mon frère habite à Lyon.　私の兄（弟）はリヨンに住んでいます。

Je veux habiter dans une grande maison.　広い家に住みたいなぁ。

Il vend son appartement.　彼はアパートを売りに出しています。

Le jardin de mes parents est beau en été.　夏, 私の両親の庭はとてもきれいです。

| la **chambre** | 囡 寝室 |
| [ʃɑ̃br] シャンブル | **pl.** les chambres |

| la **salle** | 囡 部屋 |
| [sal] サル | **pl.** les salles |

| la **fenêtre** | 囡 窓 |
| [f(ə)nɛtr] フネトゥル | **pl.** les fenêtres |

| la **porte** | 囡 扉, 出入口 |
| [pɔrt] ポルトゥ | **pl.** les portes |

🎧 **家具**

30 | le **lit** | 囲 ベッド |
| [li] リ | **pl.** les lits |

| la **table** | 囡 テーブル |
| [tabl] タブル | **pl.** les tables |

| la **chaise** | 囡 いす |
| [ʃɛz] シェズ | **pl.** les chaises |

Dans ma chambre, il y a un grand lit.

私の寝室には大きいベッドがあります。

Il est dans la salle de classe.

彼は教室にいます。

salle de classe：教室

Est-ce que je peux ouvrir la fenêtre ?

窓を開けていいですか。

Fermez la porte, s'il vous plaît.

ドアを閉めてください。

Mon chat aime dormir sur le lit.

私の猫はベッドの上で寝るのが好きです。

Il y a une grande table dans la salle à manger.

ダイニングルームに大きなテーブルがあります。

salle à manger：ダイニングルーム

Asseyez-vous sur cette chaise.

このいすに座ってください。

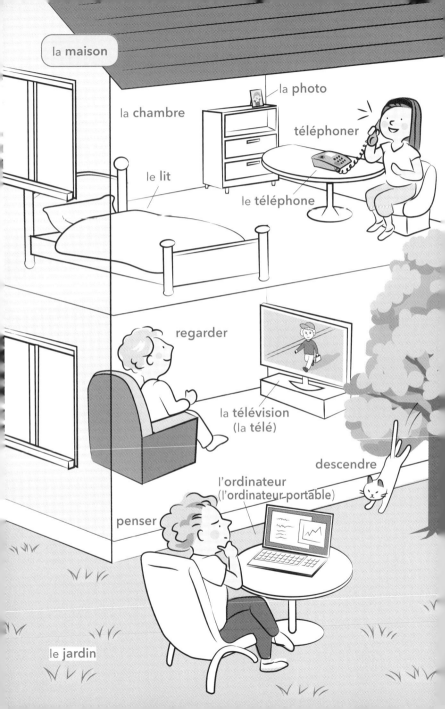

la **maison**

la **photo**

la **chambre**

téléphoner

le **lit**

le **téléphone**

regarder

la **télévision**
(la **télé**)

descendre

l'**ordinateur**
(l'**ordinateur portable**)

penser

le **jardin**

31 le **téléphone**

[telefɔn]
テレフォヌ

男 電話

pl. les téléphones

---

la **télévision**

[televizjɔ̃]
テレヴィズィヨン

女 テレビ

pl. les télévisions

省略形は
la **télé**
[tele]
テレ

---

l' **ordinateur**

[ɔrdinatœr]
オルディナトゥル

定冠詞と一緒に
発音すると
[lɔrdinatœr]
ロルディナトゥル

男 コンピューター

pl. les ordinateurs

ノート PC も含ま
れるが、正式には
"le portable" 又
は "l'ordinateur
portable" という。

32 **visiter**

[vizite]
ヴィズィテ

動 ～を訪問する，見物する

---

travailler

[travaje]
トゥラヴァイエ

動 働く，勉強する

---

entrer

[ɑ̃tre]
アントゥレ

動 入る

---

chercher

[ʃɛrʃe]
シェルシェ

動 ～を探す，迎えに行く

aller chercher【人／物】：
【人を】迎えに行く／【物を】取りに行く

| Mon père est au téléphone. | 私の父は電話中です。 |

| Je ne regarde pas la télévision le soir. | 私は夜はテレビを見ません。 |

| Mon ordinateur ne marche pas bien depuis hier. | 私のパソコンはきのうから調子が悪いです。 |

| Je veux visiter le musée du Louvre. | 私はルーヴル美術館を見学したいです。 |

| Je travaille dans un café le week-end. | 私は週末はカフェで働いています。 |

| Mon fils veut entrer dans cette école. | 私の息子はあの学校に入ることを望んでいます。 |

| Je vais chercher mon père à la gare parce qu'il pleut. | 雨が降っているので，私の父を駅に迎えに行きます。 |

trouver
[truve]
トゥルヴェ

動 ～を見つける

ouvrir*
[uvrir]
ウヴリル

動 ～を開ける，開く，（店や施設などが）開く

j'	ouvre	nous	ouvrons
tu	ouvres	vous	ouvrez
il/elle	ouvre	ils/elles	ouvrent

fermer
[fɛrme]
フェルメ

動 ～を閉じる，閉める，（店や施設などが）閉まる

l'école
[ekɔl]
エコル

定冠詞と一緒に発音すると
[lekɔl]
レコル

女 学校

pl. les écoles

主に，小学校や高等専門学校を指す。école de danse（ダンス教室・学校）のような各分野における学校の意味もある。

le lycée
[lise]
リセ

男 リセ（フランスの国立高等学校），高校

pl. les lycées

le musée
[myze]
ミュゼ

男 美術館，博物館

pl. les musées

l'hôtel
[otel]
オテル

定冠詞と一緒に発音すると
[lotel]
ロテル

男 ホテル

pl. les hôtels

Je ne trouve pas ma montre.

私の時計が見つかりません。

Mon ami veut ouvrir un restaurant italien.

私の友人はイタリアンレストランを開きたがっています。

Ce magasin ferme à 20 heures.

この店は 20 時に閉まります。

Mon fils revient de l'école à 16 heures.

私の息子は 16 時に学校から戻ります。

Je vais au lycée en train.

私は電車で高校に行きます。

Il n'y a pas de musée dans ma ville.

私の町には美術館がありません。

Cet hôtel est près de la gare.

そのホテルは駅の近くです。

| le **bureau** [byro] ビュロ | **男** 会社，オフィス，役所 机，デスク，書斎 |
| | **pl.** les bureaux |

| le **magasin** [magazɛ̃] マギャザン | **男** 商店，店 |
| | **pl.** les magasins |

| le **restaurant** [rɛstɔrɑ̃] レストラン | **男** レストラン |
| | **pl.** les restaurants |

| la **poste** [pɔst] ポストゥ | **女** 郵便，郵便局 (bureau de poste) |
| | **pl.** les postes |

| l'**aéroport** [aerɔpɔr] アエロポル 定冠詞と一緒に発音すると [laerɔpɔr] ラエロポル | **男** 空港 |
| | **pl.** les aéroports |

| l'**hôpital** [ɔpital] オピタル 定冠詞と一緒に発音すると [lɔpital] ロピタル | **男** 病院 |
| | **pl.** les hôpitaux |

🎧 **街並み**

| 33 la **ville** [vil] ヴィル | **女** 町，都市 |
| | **pl.** les villes |

Il travaille encore dans son bureau.

彼はまだオフィスで仕事しています。

On trouve beaucoup de fruits dans ce magasin.

このお店はたくさんのフルーツを売っています。

Est-ce que vous connaissez un bon restaurant italien ?

おいしいイタリアンレストランを知っていますか。

Mon père travaille à la poste.

父は郵便局で働いています。

Il va bientôt arriver à l'aéroport.

彼はまもなく空港に到着します。

Elle est à l'hôpital. — Ah, bon ?

彼女は入院しています。―― そうなの？

bon：圖 よし！／ああそうなの？／あらら

C'est cher d'habiter dans les grandes villes.

大都会に住むのは高いです。

C'est ＋形容詞＋ de 不定詞：〜することは…だ

93

le **village**	男 村
[vilaʒ]	
ヴィラジュ	*pl.* les villages

la **campagne**	女 田舎
[kɑ̃paɲ]	
カンパニュ	*pl.* les campagnes

la **rue**	女 通り
[ry]	
リュ	*pl.* les rues

la **place**	女 広場
[plas]	座席
プラス	
	pl. les places

🎧 **位置を表す語**

³⁴ **ici** | 副 ここに，ここで
[isi]
イスィ

voici | 提 ここに～がある，これが～である
[vwasi] | る
ヴワスィ

là | 副 そこに，そこで
[la]
ラ

Il y a beaucoup de jolies maisons dans ce village.

この村にはきれいな家がたくさんあります。

Mes grands-parents habitent à la campagne.

私の祖父母は田舎に住んでいます。

Il y a du monde dans la rue.

通りにたくさんの人がいます。

Est-ce que cette place est libre ?

この席は空いていますか。

Viens ici.

ここに来て。

Voici mes parents.

これが私の両親です。

Qu'est-ce que tu fais là ?

そこで何しているの？

voilà [vwala] ヴワラ	提 そこに~がある, それが~である はい, どうぞ
près [prɛ] プレ	副 近くに, 近くで
loin [lwɛ̃] ルワン	副 遠くに, 遠くで
là-bas [labɑ] ラバ	副 あそこに, 向こうに

🎧 方向・方角

35 le **nord** 　　[nɔr] 　　ノル	男 北
le **sud** 　　[syd] 　　スュドゥ	男 南
l'**est** [ɛst] エストゥ　　定冠詞と一緒に 　　　　発音すると 　　　　[lɛst] 　　　　レストゥ	男 東

96

Ah, voilà le train !

あっ，電車が来たよ。

ah：圕 あっ

La carte, s'il vous plaît. — Voilà, monsieur.

メニューをお願いします。
――はい，どうぞ。
（男性に対して）

Est-ce qu'il y a un restaurant près d'ici ?

この近くにレストランはありますか。

près de ～：～の近くに

L'école n'est pas loin de la gare.

学校は駅から遠くないですよ。

loin de ～：～から離れて，～から遠くに

Je t'attends là-bas.

向こうで待ってるね。

Ma ville est au nord de Paris.

私の町はパリの北です。

Ce train descend vers le sud.

この電車は南下します。

vers：圙 ～の方へ

Le soleil se lève à l'est.

太陽は東から昇ります。

l'**ouest** [wɛst] ウェストゥ	定冠詞と一緒に 発音すると [lwɛst] ルウェストゥ	**男** 西

la **gauche** [goʃ] ゴシュ	**女** 左

la **droite** [drwat] ドゥルワトゥ	**女** 右

tout droit [tu drwa] トゥドゥルワ	**副** まっすぐ (に)

前置詞

à [a] ア	**前** 位置・方向 ～で，～に 時刻・時点・時期 ～に 動作の対象 ～に 手段 ～で

de [də] ドゥ	**前** 所有・対象 ～の 出身 ～から 数量 ～の，～だけある

en [ɑ̃] アン	**前** 場所 ～で，～に 時間 (月・年号) ～に 手段・方法 ～で

Elle habite dans l'ouest de Paris. 　彼女はパリの西に住んでいます。

Le musée est sur votre gauche. 　美術館はあなたの左手にあります。

Le restaurant est à droite de l'hôtel. 　レストランはホテルの右です。

Pour aller à la gare, allez tout droit. 　駅に行くには，まっすぐ行ってください。

Je vais à Paris. 　私はパリに行きます。

Elle va au lycée à 8 heures. 　彼女は8時に高校に行きます。

Est-ce que je peux parler à M. Robin ? 　ロバンさんと話せますか。

C'est le livre de Martin. 　これはマルタンの本です。

Je suis de Tokyo. 　私は東京出身です。

Il habite en France. 　彼はフランスに住んでいます。

Au Japon, il fait très chaud en août. 　日本は8月はとても暑いです。

Est-ce que je peux payer en dollar canadien ? 　カナダドルで払えますか。

dollar : 男 ドル

99

dans [dɑ̃] ダン	前 場所 ～の中に，～の中で
pour [pur] プル	前 目的 ～のために 対象 ～のために 目的地 ～へ向かって，～行きの
avec [avɛk] アヴェク	前 ～と一緒に，～を持って
par [par] パル	前 経路 ～から，～を通って
depuis [dəpɥi] ドゥピュイ	前 時間 ～から，～以来
sur [syr] スュル	前 場所 ～の上に
sous [su] ス	前 場所 ～の下に

Elle travaille dans un hôtel.

彼女はホテルで働いています。

Je ne prends pas de café ce soir pour bien dormir.
Ce film est intéressant pour moi.

よく眠るために今夜はコーヒーを飲みません。

この映画は私にとって興味深いです。

Je pars en vacances avec mes parents.

私は両親とバカンスに出発します。

Mon chat sort par la fenêtre tous les matins.

私の猫は毎朝窓から外に出ます。

Ma mère apprend le français depuis trois mois.

私の母は，3か月前からフランス語を習っています。

Ton sac est sur le lit.

君のカバンはベッドの上にあります。

Il y a un crayon sous la table.

テーブルの下に鉛筆があります。

pendant
[pãdã]
パンダン

前 時間 ～の間に

chez
[ʃe]
シェ

前 [chez +【人】] ～の家で

après
[aprɛ]
アプレ

前 時間 ～の後に，～の後で

avant
[avã]
アヴァン

前 時間 ～の前に，～までに

devant
[d(ə)vã]
ドゥヴァン

前 場所 ～の前に，～の前で

derrière
[derjer]
デリエル

前 ～の後ろに，～の裏に，～の背後に

37 **aller**＊
[ale]
アレ

動 行く
[+不定詞] ～するつもりである

je	vais	nous	allons
tu	vas	vous	allez
il/elle	va	ils/elles	vont

Je me lève tard pendant les vacances.

私はバカンス中は遅く起きます。

Elle est chez elle.

彼女は自宅にいます。

Nous allons au cinéma après le dîner.

私たちは夕食後映画を見に行きます。

Je me lève avant mes parents.

私は両親より先に起きます。

Il attend Manon devant le cinéma.

彼はマノンを映画館の前で待っています。

Le restaurant est derrière le bureau de poste.

レストランは郵便局の裏です。

Il va à l'école.

彼は学校に通っています。

Elle va partir pour la France demain.

あす，彼女はフランスに向けて出発します。

venir*

[v(ə)nir]
ヴニル

動 来る
[de+不定詞] ～したところである

je	viens	nous	venons
tu	viens	vous	venez
il/elle	vient	ils/elles	viennent

courir*

[kurir]
クリル

動 走る

je	cours	nous	courons
tu	cours	vous	courez
il/elle	court	ils/elles	courent

marcher

[marʃe]
マルシェ

動 歩く，（機械などが）動く

tourner

[turne]
トゥルネ

動 ～を回す，曲がる

sortir*

[sɔrtir]
ソルティル

動 外に出る

je	sors	nous	sortons
tu	sors	vous	sortez
il/elle	sort	ils/elles	sortent

partir*

[partir]
パルティル

動 出発する，出かける

je	pars	nous	partons
tu	pars	vous	partez
il/elle	part	ils/elles	partent

les **vacances**

[vakɑ̃s]
ヴァカンス

複 バカンス

単数形 **vacance** 女 は稀。

Tu viens de Paris ?

君はパリ出身なの？

Je viens de prendre mon petit déjeuner.

私は朝食をとったばかりです。

Il est déjà 8 heures !? Je dois courir à la gare !

もう8時!?　駅まで走らなきゃ！

J'aime marcher dans cette rue.

私はこの通りを歩くのが好きです。

Tournez à gauche.

左に曲がってください。

Léo ne sort pas de chez lui le dimanche.

レオは日曜日は家から出ません。

Mon père part pour la France.

私の父はフランスに出発します。

Je dois travailler pendant les vacances.

私はバカンス中，働かなければなりません。

voyager*
[vwajaʒe]
ヴワイヤジェ

動 旅行する

je	voyage	nous	voyageons
tu	voyages	vous	voyagez
il/elle	voyage	ils/elles	voyagent

---

le voyage
[vwajaʒ]
ヴワイヤジュ

男 旅行

pl. les voyages

---

arriver
[arive]
アリヴェ

動 到着する

---

rester
[rɛste]
レステ

動 (ある場所に) 残る, とどまる

---

revenir*
[r(ə)vənir]
ルヴニル

動 戻る, 帰る

je	reviens	nous	revenons
tu	reviens	vous	revenez
il/elle	revient	ils/elles	reviennent

---

rentrer
[rɑ̃tre]
ラントゥレ

動 帰宅する

🎧 乗り物

38 ## monter
[mɔ̃te]
モンテ

動 登る, 乗り込む

monter à/dans/en ~ : ~に乗る

106

Marie aime voyager en train.

マリーは電車で旅行するのが好きです。

Mon frère n'est pas chez moi parce qu'il est en voyage.

私の兄（弟）は旅行中なので家にはいません。

À quelle heure arrives-tu à la gare ?

君は駅に何時に着くの？

Je préfère rester à la maison en été.

私は夏は家にいるほうが好きです。

Mes enfants reviennent de l'école à 16 heures.

子どもたちは 16 時に学校から戻ります。

Ma mère rentre tard le mercredi.

私の母は水曜日は遅く帰ってきます。

Mon chat monte souvent sur cet arbre.

私の猫はよくあの木に登ります。

descendre*

[desɑ̃dr]
デサンドゥル

動 降りる，下る

je	descends	nous	descendons
tu	descends	vous	descendez
il/elle	descend	ils/elles	descendent

---

le **ticket**

[tikɛ]
チケ

男 切符，チケット

pl. les tickets

地下鉄やバスなどの，比較的小さな切符。

---

le **billet**

[bijɛ]
ビエ

男 (列車，飛行機などの) 切符，(劇場などの) 入場券，紙幣

pl. les billets　ticket よりも大きな紙でできている切符。

---

le **train**

[trɛ̃]
トゥラン

男 電車

pl. les trains

---

la **gare**

[gar]
ギャル

女 駅

pl. les gares

地下鉄の駅は station。

---

le **métro**

[metro]
メトゥロ

男 地下鉄

pl. les métros

---

le **bus**

[bys]
ビュス

男 バス

pl. les bus

Mon chat ne veut pas descendre de l'arbre.

私の猫は木から降りたがりません。

descendre de ～：～から降りる

Je ne trouve pas mon ticket de train.

電車の切符が見つかりません。

Voici un billet d'avion pour aller en France.

ここにフランスに行くための飛行機のチケットがあります。

Je prends le train pour aller à l'université.

私は大学に行くのに電車に乗ります。

Elle va à la gare à vélo.

彼女は駅まで自転車で行きます。

à vélo：自転車で

今日では，en vélo もよく言われている。

Prenez le métro pour aller à l'aéroport.

空港へ行くには地下鉄に乗ってください。

Vite, le bus part !

早く，バスが出発する！

---

le **taxi**
[taksi]
タクスィ

男 タクシー

pl. les taxis

l'**avion**
[avjɔ̃]
アヴィヨン

定冠詞と一緒に
発音すると
[lavjɔ̃]
ラヴィヨン

男 飛行機

pl. les avions

la **voiture**
[vwatyr]
ヴワテュル

女 車

pl. les voitures

le **vélo**
[velo]
ヴェロ

男 自転車

pl. les vélos

le **bateau**
[bato]
バト

男 船

pl. les bateaux

🎧 趣味・娯楽・芸術

39 **aimer**
[eme]
エメ

動 〜を愛する, 好む

préférer*
[prefere]
プレフェレ

動 〜をより好む

je	préfère	nous	préférons
tu	préfères	vous	préférez
il/elle	préfère	ils/elles	préfèrent

110

Je prends un taxi parce qu'il pleut.

雨が降っているので，私はタクシーに乗ります。

Je n'aime pas voyager en avion.

私は飛行機で旅行するのが好きではありません。

Il a une voiture rouge.

彼は赤い車を持っています。

On peut aller là-bas à vélo ?

あそこまで自転車で行けますか。

Mes parents aiment voyager en bateau.

私の両親は船で旅行するのが好きです。

Elle aime le poisson.

彼女は魚が好きです。

Je préfère les chats aux chiens.

私は犬より猫が好きです。

préférer A à B：B より A を好む

chanter
[ʃɑ̃te]
シャンテ

動 歌う

---

la **chanson**
[ʃɑ̃sɔ̃]
シャンソン

女 歌

pl. les chansons

---

la **musique**
[myzik]
ミュズィク

女 音楽

pl. les musiques

écouter
[ekute]
エクテ

動 ～を聞く，～に耳を傾ける

---

le **film**
[film]
フィルム

男 映画

pl. les films

---

le **cinéma**
[sinema]
スィネマ

男 （ジャンルとしての）映画，映画館

pl. les cinémas

---

regarder
[r(ə)garde]
ルギャルデ

動 ～を見る，見つめる

Ma femme chante tout le temps. 私の妻はいつも歌っています。

Connais-tu cette chanson ? この歌知っている？

Mon père écoute de la musique dans sa chambre. 私の父は寝室で音楽を聴いています。

Les étudiants n'écoutent pas leur professeur. 学生たちは先生の話を聞きません。

Il regarde un film le vendredi soir. 彼は金曜日の夜に映画を見ます。

J'aime le cinéma français. 私はフランス映画が好きです。

Regarde-moi. 私を見てください。

voir*
[vwar]
ヴワル

動 ～を見る，～が見える
　～に会う

je	vois	nous	voyons
tu	vois	vous	voyez
il/elle	voit	ils/elles	voient

---

le **piano**
[pjano]
ピアノ

男 ピアノ

pl. les pianos

---

jouer
[ʒwe]
ジュエ

動 遊ぶ
　[de＋不定詞＋【楽器】] ～を弾く

---

la **carte**
[kart]
キャルトゥ

女 カード，はがき，地図
　クレジットカード，メニュー，
　トランプ

pl. les cartes

---

le **timbre**
[tɛ̃br]
タンブル

男 切手

pl. les timbres

---

faire*
[fɛr]
フェル

je	fais	nous	faisons
tu	fais	vous	faites
il/elle	fait	ils/elles	font

動 ～を作る，～をする
　値段が～である
　時間がかかる
　天候が～である

🎧 スポーツ

40 le **sport**
[spɔr]
スポル

男 スポーツ

pl. les sports

Je vais voir mon grand-père aujourd'hui.	私は今日，祖父に会いに行きます。
Il n'y a pas de piano chez moi.	私の家にはピアノがありません。
Elle joue du piano.	彼女はピアノを弾いています。
Je veux une carte de Paris.	私はパリの地図がほしいです。
J'aime jouer aux cartes avec ma famille.	私は家族でトランプをするのが好きです。
Deux timbres à un euro, s'il vous plaît.	1ユーロ切手2枚ください。

euro：男 ユーロ

J'aime faire du vélo.	私はサイクリングが好きです。

faire du vélo：サイクリングをする

Thomas aime beaucoup les sports d'hiver.	トマはウィンタースポーツがとても好きです。

115

le **tennis**
[tenis]
テニス

男 テニス

le **ski**
[ski]
スキー

男 スキー

pl. les skis

複数だと"スキー用具"になる。

danser
[dɑ̃se]
ダンセ

動 踊る，ダンスをする

🎧 **自然**

41 la **mer**
[mɛr]
メル

女 海，海洋

pl. les mers

la **montagne**
[mɔ̃taɲ]
モンタニュ

女 山

pl. les montagnes

le **soleil**
[sɔlɛj]
ソレイユ

男 太陽

pl. les soleils

la **lune**
[lyn]
リュヌ

女 月

Je fais du tennis avec mes amis le samedi matin.

私は土曜日の朝，友人とテニスをします。

Je ne suis pas bonne en ski.

私はスキーは得意ではありません。

(être bon/bonne en 〜 ： 〜が得意である)

Elle danse avec Simon.

彼女はシモンと踊っています。

J'aime aller à la mer quand il fait beau.

私は晴れているときに海に行くのが好きです。

(quand 主語＋動詞〜 ： 〜するときに)

Ma famille va souvent à la montagne.

私の家族はよく山へ行きます。

En hiver, le soleil se couche très tôt.

冬は日が沈むのがとても早いです。

(太陽や月が主語のとき, se coucherは「沈む」という意味になる。)

On voit la lune ce soir.

今夜は月が見えます。

| la **pluie** | 女 雨 |
| [plɥi]
プリュイ | **pl.** les pluies |

動植物

42 l'animal
[animal]
アニマル

定冠詞と一緒に
発音すると
[lanimal]
ラニマル

男 動物

pl. les animaux

| le **chien** | 男 犬 |
| [ʃjɛ̃]
シャン | **pl.** les chiens |

| le **chat** | 男 猫 |
| [ʃa]
シャ | **pl.** les chats |

l'oiseau
[wazo]
ウワゾ

定冠詞と一緒に
発音すると
[lwazo]
ルゥワゾー

男 鳥

pl. les oiseaux

l'arbre
[arbr]
アルブル

定冠詞と一緒に
発音すると
[larbr]
ラルブル

男 木

pl. les arbres

| la **fleur** | 女 花 |
| [flœr]
フルル | **pl.** les fleurs |

Je n'aime pas la pluie d'hiver parce qu'elle est froide.

私は冬の雨は冷たいので好きではありません。

Tu aimes les animaux ?

動物は好き？

Mon chien cherche quelque chose dans le jardin.

私の犬は庭で何かを探しています。

Mon chat aime jouer avec ma cravate.

私の猫はネクタイで遊ぶのが好きです。

Beaucoup d'oiseaux chantent sur cet arbre le matin.

朝，たくさんの鳥がこの木の上で鳴いています。

Un chat noir dort sur cet arbre.

1匹の黒猫がこの木の上で眠っています。

Quelle fleur aimes-tu ?

どんな花が好き？

| la **rose** | 囡 バラ　　　　　*pl.* les roses |
| [roz]
ロズ | 厖 ピンクの |

天候

43 **pleuvoir*** | 圗 雨が降る |
| [pløvwar]
プルヴワル | |

> 活用はII pleutのみ。

| **chaud / chaude** | 厖 暑い, 熱い |
| [ʃo ʃod]
ショ ショドゥ | |

| **froid / froide** | 厖 寒い |
| [frwa frwad]
フルワ フルワドゥ | |

単位

44 le **kilo / kilogramme** | 围 キロ／キログラム |
| [kilo kilɔgram]
キロ キログラム | *pl.* les kilos/kilogrammes |

| le **kilomètre** | 围 キロメートル |
| [kilɔmɛtr]
キロメトゥル | *pl.* les kilomètres |

| le **mètre** | 围 メートル |
| [mɛtr]
メトゥル | *pl.* les mètres |

120

Ma grand-mère a beaucoup de roses dans son jardin.

祖母の庭にはたくさんのバラがあります。

J'aime cette jupe rose.

私はこのピンクのスカートが気に入っています。

Il pleut aujourd'hui.

今日は雨です。

Cet été, il ne fait pas très chaud.

今年の夏はそれほど暑くありません。

Je veux entrer dans un restaurant parce qu'il fait très froid.

とても寒いからレストランに入りたいです。

Il faut 2 kilos de pommes.

リンゴが2キロ必要です。

L'hôpital est à 3 kilomètres d'ici.

病院はここから3キロのところにあります。

à ~ kilomètre de ... : …から~キロメートルのところに

J'habite à 50 mètres de l'école.

私は学校から50メートルのところに住んでいます。

121

le **jour**
[ʒur]
ジュル

男 一日, 日

pl. les jours

---

le **premier**
[prəmje]
プルミエ

男 ついたち

各月の一番初めの日。

---

aujourd'hui
[oʒurdɥi]
オジュルデュイ

副 今日

---

hier
[jɛr]
イエル

副 きのう

---

demain
[d(ə)mɛ̃]
ドゥマン

副 あす

---

le **matin**
[matɛ̃]
マタン

男 朝

pl. les matins

---

midi
[midi]
ミディ

無冠詞で使われる。

男 正午

On est quel jour aujourd'hui ?	今日は何曜日ですか。
Aujourd'hui, on est le premier avril.	今日は4月1日です。
Aujourd'hui, je ne travaille pas.	今日は仕事がありません。
Je cherche le journal d'hier.	私はきのうの新聞を探しています。
Mon frère a un examen demain.	私の兄（弟）はあす，試験があります。
Je prends du café tous les matins.	私は毎朝コーヒーを飲みます。
Mon fils rentre à midi.	私の息子は正午に帰ってきます。

l'**après-midi**

[aprɛmidi]
アプレミディ

定冠詞と一緒に
発音すると
[laprɛmidi]
ラプレミディ

男(女) 午後

pl. les après-midi(s)

le **soir**

[swar]
スワル

男 夕方，夜

pl. les soirs

la **nuit**

[nɥi]
ニュイ

女 夜

pl. les nuits

minuit

[minɥi]
ミニュイ

男 真夜中，午前 0 時

無冠詞で使われる。

la **semaine**

[s(ə)mɛn]
スメヌ

女 週

pl. les semaines

le **mois**

[mwa]
ムワ

男 月

pl. les mois

la **saison**

[sɛzɔ̃]
セゾン

女 季節

pl. les saisons

J'ai une leçon de français cet après-midi.

私は今日の午後フランス語のレッスンがあります。

Je dîne avec ma famille tous les soirs.

私は毎晩家族と夕食をとります。

Il fait nuit.

日が暮れる。

Je me couche avant minuit.

私は午前 0 時前に寝ます。

Je voudrais prendre une semaine de vacances.

私は 1 週間のバカンスが欲しいです。

Elle va rester en France pendant les deux mois de vacances.

彼女は 2 か月のバカンスの間フランスに滞在するつもりです。

Je n'aime pas la saison des pluies.

私は雨の季節が好きではありません。

l'an
[ɑ̃]
アン

定冠詞と一緒に
発音すると
[lɑ̃]
ラン

男 年，歳

pl. les ans

l'année
[ane]
アネ

定冠詞と一緒に
発音すると
[lane]
ラネ

女 年，学年

pl. les années

le temps
[tɑ̃]
タン

男 時間，天気

pl. les temps

l'heure
[œr]
ウル

定冠詞と一緒に
発音すると
[lœr]
ルル

女 ～時，時間

pl. les heures

la minute
[minyt]
ミニュトゥ

女 分

pl. les minutes

maintenant
[mɛ̃t(ə)nɑ̃]
マントゥナン

副 今

prochain / prochaine
[prɔʃɛ̃ prɔʃɛn]
プロシャン　プロシェヌ

形 [名詞の前で] 次の，今度の
[時を表す名詞の後で] 次の，今
度の

曜日，週，月，日付，季節

Mon fils a 9 ans cette année.　　私の息子は今年 9 歳です。

Mon frère est étudiant en
deuxième année.

私の兄（弟）は大学 2 年生で
す。

Quel temps fait-il à Paris ?　　パリはどんな天気ですか。

Quelle heure est-il ?　　何時ですか。

Je fais du tennis pendant 30
minutes tous les jours.

私は毎日 30 分テニスをして
います。

Qu'est-ce qu'elle fait
maintenant ?

彼女は今何をしていますか。

Le prochain train va arriver à 13
heures.

次の電車は 13 時に到着しま
す。

dernier/dernière	形 [名詞の前で] 最後の，最近の
[dɛrnje dɛrnjɛr]	[時を表す名詞の後で] この前の，
デルニエ　デルニエル	すぐ前の
	曜日，週，月，日付，季節

déjà	副 もう，すでに
[deʒa]	
デジャ	

vite	副 速く，急いで
[vit]	
ヴィトゥ	

tôt	副 早く
[to]	
ト	

bientôt	副 まもなく
[bjɛ̃to]	
ビヤント	

tard	副 遅く，遅れて
[tar]	
タル	

longtemps	副 長い間，久しく
[lɔ̃tɑ̃]	
ロンタン	

Le dernier train est à quelle heure ?

最終電車は何時ですか。

Ma fille a déjà 10 ans.

私の娘はもう 10 歳です。

Il marche vite.

彼は歩くのが早いです。

Elle vient à l'école tôt tous les jours.

彼女は毎日朝早く学校に来ます。

C'est bientôt l'heure de partir.

もうすぐ出発の時間です。

Je me lève tard le dimanche.

私は日曜日は遅く起きます。

Ça fait longtemps.

久しぶり。（お久しぶりです。）

tu, vous どちらの
相手にも使える。

la **chance**
[ʃɑ̃s]
シャンス

女 幸運, 機会

pl. les chances

commencer*
[kɔmɑ̃se]
コマンセ

動 始まる, 〜を始める

je	commence	nous	commençons
tu	commences	vous	commencez
il/elle	commence	ils/elles	commencent

finir*
[finir]
フィニル

動 終わる, 〜を終える

je	finis	nous	finissons
tu	finis	vous	finissez
il/elle	finit	ils/elles	finissent

la **fin**
[fɛ̃]
ファン

女 終わり

(頻度・範囲・対象)

46 **toujours**
[tuʒur]
トゥジュル

副 いつも, 常に

souvent
[suvɑ̃]
スヴァン

副 よく, しばしば

de temps en temps
[dətɑ̃zɑ̃tɑ̃]
ドゥタンザンタン

成 時々

132

Tu as de la chance d'aller à Paris pour ton travail.

仕事でパリに行くなんて運がいいね。

La leçon de piano commence à 15 heures.

ピアノのレッスンは15時に始まります。

Je dois finir ce travail aujourd'hui.

私は今日この仕事を終えなければなりません。

Ce n'est pas la fin du monde.

世界の終わりじゃないんだから。（大したことない）

Mon professeur porte toujours un pantalon noir.

私の先生はいつも黒いズボンをはいています。

Je déjeune souvent dans ce restaurant.

私はこのレストランでよく昼食をとります。

Je regarde un film français de temps en temps.

私はときどきフランス映画を見ます。

jamais
[ʒamɛ]
ジャメ

圖 [ne ~ jamais] 決して~ない

pas
[pa]
パ

圖 [ne ~ pas] ~ない

plus
[ply]
プリュ

圖 [ne ~ plus] もう~ない

rien
[rjɛ̃]
リヤン

代 [ne ~ rien] 何も~ない

不定代名詞

aussi
[osi]
オスィ

圖 ~もまた

autre
[otr]
オトゥル

形 別の，もう一つの

不定形容詞

quelqu'un
[kɛlkœ̃]
ケルカン

代 誰か，ある人

不定代名詞

Il ne mange jamais de poisson.　　彼は決して魚を食べません。

Il ne travaille pas du tout.　　彼は全然働きません。

ne ~ pas du tout : 全然~ない

Elle ne travaille plus dans ce restaurant.　　彼女はもうこのレストランで働いていません。

Je ne veux rien.　　私は何もほしくありません。

Elle est française aussi.　　彼女もフランス人です。

Veux-tu un autre café ?　　コーヒーもう一杯いかが。

Il y a quelqu'un ?　　誰かいますか。

135

quelque chose
[kɛlkəʃoz]
ケルクショズ

代 何か，あるもの

不定代名詞

程度・方法・様態

47 beaucoup
[boku]
ボク

副 たくさん

beaucoup de ～：たくさんの～

assez
[ase]
アセ

副 かなり，十分に

assez de ～：十分な～

trop
[tro]
トゥロ

副 あまりに，過度に

trop de ～：あまりに多くの～

si
[si]
スィ

副 それほど，そんなに

très
[trɛ]
トゥレ

副 とても

demi/demie
[d(ə)mi d(ə)mi]
ドゥミ ドゥミ

形 [時間・数量表現＋et demi/
demie] ～半

136

Vous cherchez quelque chose ?	何かお探しですか。

Je bois beaucoup d'eau.	私は水をたくさん飲みます。

Ce lit est assez grand pour moi.	このベッドは私には十分大きいです。
Il n'y a pas assez de lait pour faire un gâteau.	ケーキを作るのに十分なミルクがありません。

Je voudrais acheter cette robe mais elle est trop chère.	私はこのドレスを買いたいのですが，高すぎます。
Tu bois trop de bière.	君はビールを飲みすぎだ。

Il est si jeune ?	彼，そんなに若いの？

Ce gâteau est très bon.	このケーキはとてもおいしいです。

Il faut une heure et demie pour aller à Osaka en train.	大阪まで電車で1時間半かかります。

137

un peu
[œ̃pø]
アンプ

副 少し

> un peu de ～：少しの～

peut-être
[pøtɛtr]
プテトゥル

副 たぶん

encore
[ɑ̃kɔr]
アンコル

副 まだ
(追加，反復) もっと，再び

ensemble
[ɑ̃sɑ̃bl]
アンサンブル

副 一緒に

bien
[bjɛ̃]
ビヤン

副 よく，上手に

mal
[mal]
マル

副 悪く，下手に

判断・評価

48 **bon / bonne**
[bɔ̃ bɔn]
ボン ボヌ

形 よい，おいしい

Je parle un peu anglais.　私は英語を少し話します。

Il faut manger un peu de fruits le matin.　毎朝フルーツを少し食べないといけません。

Où est Patrick ? — Peut-être à Paris.　パトリックはどこ？──多分パリだよ。

Mon fils dort encore.　私の息子はまだ寝ています。

Tu veux encore du café ?　もっとコーヒー飲む？

Louise et Alice habitent ensemble.　ルイーズとアリスは一緒に住んでいます。

Tu parles bien français.　君はフランス語をうまく話すね。

Je chante mal.　私は歌が下手です。

Il a un bon livre pour apprendre le français.　彼はフランス語を学ぶのによい本を持っています。

mauvais / mauvaise [mɔvɛ mɔvɛz] モヴェ モヴェズ	形 悪い
difficile [difisil] ディフィスィル	形 難しい
facile [fasil] ファスィル	形 簡単な，容易な
fort / forte [fɔr fɔrt] フォル フォルトゥ	形 強い，得意である être fort(-e) en/à～: ～が得意である
faible [fɛbl] フェブル	形 弱い，苦手である être faible en/à～: ～が苦手である
important / importante [ɛ̃pɔrtɑ̃ ɛ̃pɔrtɑ̃t] アンポルタン アンポルタントゥ	形 大切な，重要な
intéressant / intéressante [ɛ̃teresɑ̃ ɛ̃teresɑ̃t] アンテレサン アンテレサントゥ	形 おもしろい，興味深い

Il fait mauvais aujourd'hui.　　　今日は天気が悪いです。

C'est une question difficile.　　　それは難しい問題です。

C'est facile pour moi.　　　私にとってそれは簡単です。

Elle est forte au tennis.　　　彼女はテニスが得意です。

Je suis faible en anglais.　　　私は英語が苦手です。

J'ai un travail important.　　　私は大事な仕事があります。

Il connaît beaucoup de films intéressants.　　　彼はおもしろい映画をたくさん知っています。

gentil / gentille
[ʒɑ̃ti ʒɑ̃tij]
ジャンティ ジャンティユ

形 やさしい, 親切な

🎧 人や物の様子

⁴⁹ **beau / belle**
[bo bɛl]
ボ ベル

形 美しい, きれいな, すてきな

> beau は母音や無音の h で始まる男性
> 名詞 (単数) の前では **bel**[bɛl] になる。

grand / grande
[grɑ̃ grɑ̃d]
グラン グランドゥ

形 大きい, 背が高い

petit / petite
[p(ə)ti p(ə)tit]
プティ プティトゥ

形 小さい, 幼い, ちょっとした

gros / grosse
[gro gros]
グロ グロス

形 大きい, 太った

mince
[mɛ̃s]
マンス

形 細い, うすい

jeune
[ʒœn]
ジュヌ

形 若い

Son chien n'est pas gentil avec moi.

彼女の犬は私にやさしくありません。

Elle porte une belle robe.

彼女はきれいなドレスを着ています。

Mon grand-père est très grand.

私の祖父は背がとても高いです。

J'habite dans une petite maison.

私は狭い家に住んでいます。

Son chat est un peu gros.

彼の猫は少し太っています。

Cet homme mince est mon frère.

あのほっそりした男性が私の兄（弟）です。

Mon professeur de français est jeune.

私のフランス語の先生は若いです。

âgé / âgée [aʒe aʒe] アジェ アジェ	彤 年を取っている
joli / jolie [ʒɔli ʒɔli] ジョリ ジョリ	彤 きれいな，かわいい
large [larʒ] ラルジュ	彤 幅が広い，大きい
long / longue [lɔ̃ lɔ̃g] ロン ロング	彤 長い
court / courte [kur kurt] クル クルトゥ	彤 短い
lourd / lourde [lur lurd] ルル ルルドゥ	彤 重い
léger / légère [leʒe leʒɛr] レジェ レジェル	彤 軽い

144

Mélanie parle avec un homme âgé.

メラニーは年を取った男性と話しています。

Je trouve cette jupe jolie.

私はこのスカートがきれいだと思います。

trouver A【形容詞】：
A を【形容詞】だと思う

Ce pantalon est trop large.

このズボンは大きすぎます。

Elle porte une jupe longue.

彼女はロングスカートをはいています。

Il porte un pantalon court.

彼は短いズボンをはいています。

Pourquoi ce sac est si lourd ?

なんでこのカバンはこんなに重いんだ？

Je prends un café léger le matin.

私は朝は薄いコーヒーを飲みます。

rond / ronde

[rɔ̃ rɔ̃d]
ロン　ロンドゥ

形 丸い

🎧 人や物の状態

50 ## droit / droite

[drwa drwat]
ドゥルワ　ドゥルワトゥ

形 まっすぐな，一直線の

libre

[libr]
リブル

形 自由な，暇な，空いている
無料である

occupé / occupée

[ɔkype ɔkype]
オキュペ　オキュペ

形 忙しい

malade

[malad]
マラドゥ

形 病気の

nouveau / nouvelle

[nuvo nuvɛl]
ヌヴォ　ヌヴェル

形 新しい
（**男複** の前 nouveaux）
（**女複** の前 nouvelles）

nouveau は母音や無音の h で始まる男性名
詞（単数）の前では **nouvel** [nuvɛl] になる。

vieux / vieille

[vjø vjɛj]
ヴィユ　ヴィエイユ

形 年老いた，古い
（**男複** の前 vieux）
（**女複** の前 vieilles）

vieux は母音や無音の h で始まる男性
名詞（単数）の前では **vieil** [vjɛj] になる。

Je voudrais une table ronde.　　私は丸いテーブルが欲しいです。

Ce crayon n'est pas droit.　　この鉛筆曲がっているね。

Je suis libre aujourd'hui.　　私は今日暇です。

Ce professeur est toujours occupé.　　あの先生はいつも忙しくしています。

Elle est malade depuis hier.　　彼女はきのうから具合が悪いです。

Je voudrais dîner dans ce nouveau restaurant.　　あの新しいレストランでディナーしたいなぁ。

Mon nouvel appartement est cher.　　新しいアパルトマンは家賃が高いです。

J'aime visiter les vieilles villes.　　私は旧市街を見物するのが好きです。

Je vais rester dans ce vieil hôtel ce soir.　　私は今夜はこの古いホテルに泊まります。

ouvert / ouverte

[uvɛr uvɛrt]
ウヴェル ウヴェルトゥ

® 開いた，開店している

fermé / fermée

[fɛrme fɛrme]
フェルメ フェルメ

® 閉まった，閉店している

riche

[riʃ]
リシュ

® 裕福な，豊富な

pauvre

[povr]
ポヴル

® 貧しい，哀れな

fatigué / fatiguée

[fatige fatige]
ファティゲ ファティゲ

® 疲れている

51 oui

[wi]
ウイ

はい

non

[nɔ̃]
ノン

いいえ

148

Ce magasin n'est pas encore ouvert.	あのお店はまだ開いていません。
Ce restaurant est fermé aujourd'hui.	今日あのレストランは閉まっています。
J'ai une amie riche.	私には金持ちの友人がいます。
Il est pauvre mais heureux.	彼は貧しいが幸せです。
Ma mère est très fatiguée.	私の母はとても疲れています。
Tu te lèves tôt le matin ? — Oui, à 6 heures.	毎朝早く起きるの？――うん，6時に。
Ta sœur est lycéenne ? — Non, elle est étudiante.	君のお姉さん（妹）は高校生なの？――ううん，大学生。

si
[si]
スィ

いいえ

否定疑問に対して肯定で答える。

52

==== そのまま覚えよう！ ====

Salut.
[saly]
サリュ

やあ。／じゃあまた

親しい人と会ったときや別れるときに使う。

Au revoir.
[or(ə)vwar]
オルヴワル

さようなら。

À tout à l'heure.
[atutalœr]
アトゥタラル

また後で。

D'accord.
[dakɔr]
ダコル

わかった。

Avec plaisir.
[avɛkplezir]
アヴェクプレズィル

よろこんで。

Excusez-moi.
[ɛkskyzemwa]
エクスキュゼムワ

すみません。

親しい人には
Excuse-moi.
[ɛkskyz mwa]
エクスキュズムワ

Tu n'aimes pas les chats ? — Si, je les aime bien.
猫は好きじゃないの？――ううん，好きだよ。

Pardon.
[pardɔ̃]
パルドン

すみません。

Merci.
[mɛrsi]
メルスィ

ありがとう。

De rien.
[dərjɛ̃]
ドゥリヤン

どういたしまして。

Allô.
[alo]
アロ

もしもし。

---

s'il vous plaît
[silvuplɛ]
スィルヴプレ

(vous に対して) お願いします

plaitとも書く。
（新つづり）

名詞や通常文，命令文とともに使うことが多い。

s'il te plaît
[siltəplɛ]
スィルトゥプレ

(tu に対して) お願いします

53

Bonjour.
[bɔ̃ʒur]
ボンジュル

こんにちは。／おはよう。

Bonsoir.
[bɔ̃swar]
ボンスワル

こんばんは。

Bonne nuit.
[bɔnnɥi]
ボニュイ

おやすみなさい。

Bon courage.
[bɔ̃kuraʒ]
ボンクラジュ

がんばれ。／しっかりやれ。

Bonne continuation.
[bɔnkɔ̃tinɥasjɔ̃]
ボヌコンティニュアスィヨン

これからもがんばって。

Bonne chance.
[bɔnʃɑ̃s]
ボヌシャンス

ご幸運を祈ります。

Bon retour.
[bɔ̃r(ə)tur]
ボンルトゥル

気をつけて帰ってください。

Bon appétit.
[bɔnapeti]
ボナペティ

召し上がれ。

Bon après-midi.
[bɔnaprɛmidi]
ボナプレミディ

楽しい午後を。

Bon week-end.
[bɔ̃wikɛnd]
ボンウィケンドゥ

よい週末を。

Bonnes vacances.
[bɔnvakɑ̃s]
ボヌヴァカンス

よい休暇を。

Bon voyage.
[bɔ̃vwajaʒ]
ボンヴワイヤジュ

よい旅行を。

Bonne année.
[bɔnane]
ボナネ

新年おめでとう。

Bon anniversaire.
[bɔnanivɛrsɛr]
ボナニヴェルセル

誕生日おめでとう。

Joyeux anniversaire.
ジュワイユザニヴェルセル
と も言う。

153

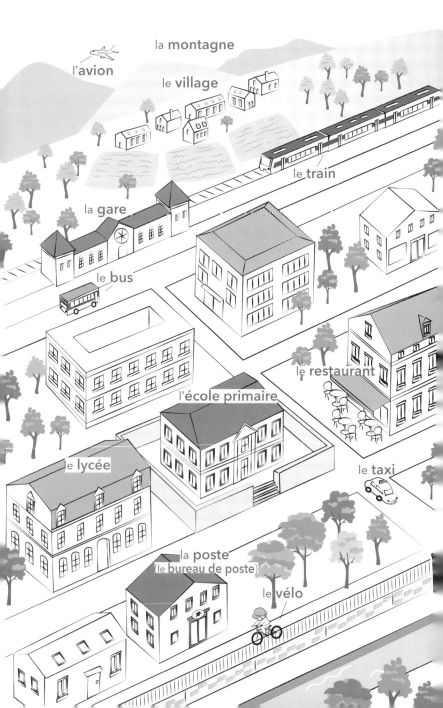

⁵⁴ **est-ce que** [ɛsk(ə)] エスク	圖 [est-ce que ＋平常文で疑問文を導く] ～ですか 疑問詞を伴う場合， [疑問詞＋ est-ce que ＋平常文]。
que [kə] ク	疑代 目的語 何を
qu'est-ce que [kɛsk(ə)] ケスク que ＋ est-ce que	疑代 目的語 何を
qui [ki] キ	疑代 主語 誰が 目的語 誰を 属詞 誰
qui est-ce que [kiɛsk(ə)] キエスク	疑代 目的語 誰を
quel / quelle [kɛl kɛl] ケル ケル	疑形 どんな （男複 の前 quels) （女複 の前 quelles)
quand [kɑ̃] カン	疑副 いつ

Est-ce que vous êtes monsieur Martin ?	あなたはマルタンさんですか。
Que bois-tu ?	君は何を飲みますか。
Qu'est-ce que c'est ?	これは何ですか。
Qui va venir chez nous demain ?	誰があす私たちの家に来ますか。
Qui veux-tu inviter ?	君は誰を招待したいの？
Qui est-ce ?	どなたですか。
Qui est-ce que vous cherchez ?	どなたを探していますか。
Quel est le nom de cette jolie fleur ?	このきれいな花の名前は何ですか。
Quand est-ce que ton frère revient de l'école ?	君のお兄さん（弟）はいつ学校から帰ってくるの？

主語

目的語

属詞

où
[u]
ウ

(疑副) どこに，どこで

d'où
[du]
ドゥ

(疑副) どこから

comment
[kɔmɑ̃]
コマン

(疑副) 手段 どうやって，どのように
様態 どんな

combien
[kɔ̃bjɛ̃]
コンビヤン

(疑副) [combien de 〜] どのくら
いの〜
いくら

pourquoi
[purkwa]
プルクワ

(疑副) なぜ，どうして

🎧 文や単語をつなぐ
55 **mais**
[mɛ]
メ

(接) しかし，だが

parce que
[pars(ə)kə]
パルスク

(接) 〜なので，〜だから

接続詞句

Où est la gare?	駅はどこですか。
D'où venez-vous?	あなたの出身はどちらですか。
Comment est-ce que tu viens à l'école?	君は学校にはどうやって来ているの？
Comment est ta sœur?	君のお姉さん（妹）はどんな人？
Ça fait combien?	いくらですか。
Pourquoi tu travailles ici?	君はなぜここで働いているの？
Il fait très beau aujourd'hui, mais je ne sors pas.	今日はとても天気がいいですが，私は外出しません。
Je reste à la maison parce qu'il pleut.	雨が降っているので私は家にいます。

ou [u] ゥ	接 （2つ以上の中から選択）または，あるいは
comme [kɔm] コム	接 ～のように ～として
et [e] エ	接 ～と，そして
alors [alɔr] アロル	間 それじゃあ 接 だから

🎧 **tout を用いた慣用表現**

⁵⁶ **tout de suite**
[tudəsɥit]
トゥドゥスュイトゥ — 成 すぐに

pas du tout
[padytu]
パデュトゥ — 成 全然～ない

tout le monde
[tuləmɔ̃d]
トゥルモンドゥ — 成 みんな，すべての人

動詞の活用は，il/elle
（3人称単数）となる。

Vous préférez les chats ou les chiens?

猫と犬，どちらが好きですか。

Il fait très chaud comme en été.

夏のようにとても暑いです。

Elle est professeure, mais elle travaille aussi comme médecin.

彼女は大学の先生ですが，医者としても働いています。

Je prends le train et le bus pour aller à l'école.

私は学校に行くのに電車とバスに乗ります。

Il ne vient pas aujourd'hui? Alors, on commence sans lui.

彼は今日来ないの？　じゃあ彼抜きで始めましょう。

> sans：前 ～なしで

Je dois partir tout de suite.

私はすぐに出発しなければなりません。

As-tu froid? — Pas du tout.

寒い？――全然。

Tout le monde est là?

みんないますか。

0	**zéro**	[zero]	ゼロ
1	**un/une**	[œ̃/yn]	アン／ユヌ
2	**deux**	[dø]	ドゥ
3	**trois**	[trwɑ]	トゥルワ
4	**quatre**	[katr]	キャトゥル
5	**cinq**	[sɛ̃k]	サンク
6	**six**	[sis]	スィス
7	**sept**	[sɛt]	セトゥ
8	**huit**	[ɥit]	ユイトゥ
9	**neuf**	[nœf]	ヌフ
10	**dix**	[dis]	ディス
11	**onze**	[ɔ̃z]	オンズ
12	**douze**	[duz]	ドゥズ
13	**treize**	[trɛz]	トゥレズ
14	**quatorze**	[katɔrz]	キャトルズ
15	**quinze**	[kɛ̃z]	カンズ
16	**seize**	[sɛz]	セズ
17	**dix-sept**	[di(s)sɛt]	ディセトゥ
18	**dix-huit**	[dizɥit]	ディズュイトゥ
19	**dix-neuf**	[diznœf]	ディズヌフ
20	**vingt**	[vɛ̃]	ヴァン

30	**trente**	[trɑ̃t]	トゥラントゥ
40	**quarante**	[karɑ̃t]	キャラントゥ
50	**cinquante**	[sɛ̃kɑ̃t]	サンカントゥ
60	**soixante**	[swasɑ̃t]	スワサントゥ
70	**soixante-dix**	[swasɑ̃tdis]	スワサントゥディス
80	**quatre-vingts**	[katrəvɛ̃]	キャトゥルヴァン
90	**quatre-vingt-dix**	[katrəvɛ̃dis]	キャトゥルヴァンディス
100	**cent**	[sɑ̃]	サン

男性名詞の魚 1 匹は un poisson，女性名詞のリンゴ 1 個は une pomme となり，
1 つには un と une の区別があります。2 つ以上から男性・女性の区別はなくなります。

母音または無音の h で始まる名詞を数えるとき，その名詞の語頭が発音される数字の最後の子音とつながって発音されたり（アンシェヌマン），発音されない数字の語末の子音字と一緒に発音されたりします（リエゾン）。

例）オレンジの個数を言うとき

アンシェヌマン：cin**q o**ranges　サンコランジュ

リエゾン：deu**x o**ranges　ドゥゾランジュ

日常会話における時間のやりとりでは 1 〜 12 を使いますが，交通機関の発着時間を伝えるという文脈では，混乱を避けるために 24 時間制でやりとりします。その際，「huit heures demi(e)」といった「〜時半」という言い方はせず，vingt heures trente（20 時 30 分）と言います。

Quelle heure est-il ?　何時ですか。

Il est huit heures du matin.　朝 8 時です。

58

序数

最初の，1番目の	**premier/ première**	[prəmje] [prəmjɛr]	プルミエ プルミエル
2番目の，第2の	**deuxième**	[døzjɛm]	ドゥズィエム
3番目の，第3の	**troisième**	[trwazjɛm]	トゥルワズィエム
4番目の，第4の	**quatrième**	[katrijɛm]	キャトゥリエム
5番目の，第5の	**cinquième**	[sɛ̃kjɛm]	サンキエム
6番目の，第6の	**sixième**	[sizjɛm]	スィズィエム
7番目の，第7の	**septième**	[sɛtjɛm]	セティエム
8番目の，第8の	**huitième**	[ɥitjɛm]	ユイティエム
9番目の，第9の	**neuvième**	[nœvjɛm]	ヌヴィエム
10番目の	**dixième**	[dizjɛm]	ディズィエム
15番目の	**quinzième**	[kɛ̃zjɛm]	カンズィエム

ナポレオン1世 (Napoléon premier) のように，帝位については，1番目だけを序
数で表します。例えば，シャルル7世は，Charles VII (sept) と言います。
日付は，ついたちだけ le premier と序数で表します。二日以降は，「le +数詞」と言
います。「2番目の，第2の」は，deuxième の他に，second/seconde とも言います。

Nous sommes le **premier** septembre aujourd'hui.　今日は，9月1日です。

Je veux voyager en **première** classe.　ファーストクラスで旅行したいです。

Il habite au **deuxième**.　彼は，3階に住んでいます。

Quelle est la **troisième** ville de France ?
　フランスで3番目の都市は何ですか。

フランスで1階は，rez-de-chaussée と言い，premier
étage は2階のことです。

164

59

身体

髪	le **cheveu**	[ʃ(ə)vø]	シュヴ	男
頭, 頭部	la **tête**	[tɛt]	テトゥ	女
目	l'**œil**	[œj]	ウイユ	男
腕	le **bras**	[bra]	ブラ	男
手	la **main**	[mɛ̃]	マン	女
足 （くるぶしより下の部分）	le **pied**	[pje]	ピエ	男
脚 （太股より下の部分）	la **jambe**	[ʒɑ̃b]	ジャンブ	女

> シュヴ
> *pl.* les **cheveux**

> レズィユ
> *pl.* les **yeux**

> イラストには5級レベル以外のものも描かれています。

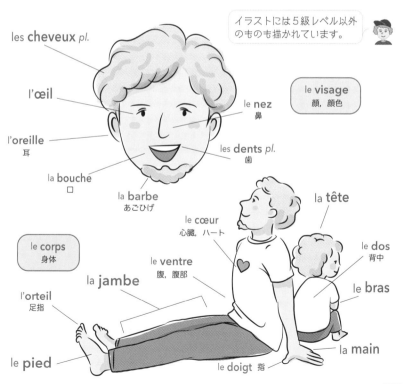

les **cheveux** *pl.*

l'**œil**

l'**oreille**
耳

la **bouche**
口

la **barbe**
あごひげ

le **nez**
鼻

les **dents** *pl.*
歯

le **visage**
顔, 顔色

le **cœur**
心臓, ハート

le **ventre**
腹, 腹部

la **tête**

le **dos**
背中

le **bras**

le **corps**
身体

la **jambe**

l'**orteil**
足指

le **pied**

le **doigt** 指

la **main**

165

季節

春	le **printemps**	[prɛ̃tɑ̃]	プランタン	男
夏	l'**été**	[ete]	エテ	男
秋	l'**automne**	[otɔn]	オトヌ	男
冬	l'**hiver**	[ivɛr]	イヴェル	男

月

1 月	**janvier**	[ʒɑ̃vje]	ジャンヴィエ	男
2 月	**février**	[fevrije]	フェヴリエ	男
3 月	**mars**	[mars]	マルス	男
4 月	**avril**	[avril]	アヴリル	男
5 月	**mai**	[mɛ]	メ	男
6 月	**juin**	[ʒɥɛ̃]	ジュアン	男
7 月	**juillet**	[ʒɥijɛ]	ジュイエ	男
8 月	**août**	[u(t)]	ウ(トゥ)	男
9 月	**septembre**	[sɛptɑ̃br]	セプタンブル	男
10 月	**octobre**	[ɔktɔbr]	オクトブル	男
11 月	**novembre**	[nɔvɑ̃br]	ノヴォンブル	男
12 月	**décembre**	[desɑ̃br]	デサンブル	男

曜日

62

月曜日	**lundi**	[lœ̃di]	ランディ	男
火曜日	**mardi**	[mardi]	マルディ	男
水曜日	**mercredi**	[mɛrkrədi]	メルクルディ	男
木曜日	**jeudi**	[ʒødi]	ジュディ	男
金曜日	**vendredi**	[vɑ̃drədi]	ヴァンドゥルディ	男
土曜日	**samedi**	[sam(ə)di]	サムディ	男
日曜日	**dimanche**	[dimɑ̃ʃ]	ディマンシュ	男

ある季節に何かする場合，春は，au printemps (春に)，その他の季節には，en été (夏に) のように en を季節の前に置きます。

J'aime voyager en **automne**.　私は秋に旅行するのが好きです。

ある月に何かをする場合, en janvier (1 月に) のように, en を月の前に置きます。

曜日は無冠詞の場合，今より先の曜日となります。
より正確に, 曜日の後に prochain (次の) を置く場合もあります。

Elle part **mardi** (prochain).　彼女は (次の) 火曜日に出発します。

曜日に定冠詞が付くと,「毎週～」と習慣的な意味になります。

Ce magasin est fermé le **jeudi**/les **jeudis**.

この店は (毎週) 木曜日は閉まっています。

フランス	la **France**	[frɑ̃s]	フランス	女
日本	le **Japon**	[ʒapɔ̃]	ジャポン	男
アフリカ	l'**Afrique**	[afrik]	アフリク	女
ドイツ	l'**Allemagne**	[almaɲ]	アルマニュ	女
イギリス	l'**Angleterre**	[ɑ̃ɡlətɛr]	アングルテル	女
ベルギー	la **Belgique**	[bɛlʒik]	ベルジク	女
カナダ	le **Canada**	[kanada]	キャナダ	男
中国	la **Chine**	[ʃin]	シヌ	女

フランスの フランス語の フランス人の	**français/française**	フランセ　フランセズ
フランス人	**Français/Française**	
日本の 日本語の 日本人の	**japonais/japonaise**	ジャポネ　ジャポネズ
日本人	**Japonais/Japonaise**	
アフリカの アフリカ人の	**africain/africaine**	アフリカン　アフリケヌ
アフリカ人	**Africain/Africaine**	
ドイツの ドイツ語の ドイツ人の	**allemand/allemande**	アルマン　アルマンドゥ
ドイツ人	**Allemand/Allemande**	
イギリスの 英語の イギリス人の	**anglais/anglaise**	アングレ　アングレズ
イギリス人	**Anglais/Anglaise**	
ベルギーの ベルギー人の	**belge**	ベルジュ
ベルギー人	**Belge**	
カナダの カナダ人の	**canadien/canadienne**	キャナディアン　キャナディエヌ
カナダ人	**Canadien/Canadienne**	
中国の 中国語の 中国人の	**chinois/chinoise**	シノワ　シノワズ
中国人	**Chinois/Chinoise**	

韓国	la **Corée**	[kɔre]	コレ	女
スペイン	l'**Espagne**	[ɛspaɲ]	エスパニュ	女
アメリカ合衆国	les **États-Unis**	[etazyni]	エタジュニ	複男
イタリア	l'**Italie**	[itali]	イタリ	女
アジア	l'**Asie**	[azi]	アズィ	女
ヨーロッパ	l'**Europe**	[ørɔp]	ウロプ	女

アメリカ (大陸) は l'**Amérique** [amerik] アメリク 女

 le **pays** [pei] ペイ 男 国 *pl.* les pays

Le Canada est un **pays** froid. カナダは寒い国です。

韓国の 韓国語の 韓国人の	**coréen/coréenne**	コレアン コレエヌ
韓国人	**Coréen/Coréenne**	
スペインの スペイン語の スペイン人の	**espagnol/espagnole**	エスパニョル エスパニョル
スペイン人	**Espagnol/Espagnole**	
アメリカの 米語の アメリカ人の	**américain/américaine**	アメリカン アメリケヌ
アメリカ人	**Américain/Américaine**	
イタリアの イタリア語の イタリア人の	**italien/italienne**	イタリアン イタリエヌ
イタリア人	**Italien/Italienne**	
アジアの アジア人の	**asiatique**	アズィアティク
アジア人	**Asiatique**	
ヨーロッパの ヨーロッパ人の	**européen/européenne**	ウロペアン ウロペエヌ
ヨーロッパ人	**Européen/Européenne**	

国名によっては，形容詞の男性形に
定冠詞の le を付けると「～語」となります。

例) le français　フランス語

　　le japonais　日本語

動詞の活用表

色アミがかかっている動詞は変化に注意が必要なものです。

不定詞		直説法現在形	命令形
acheter 買う	j'	achète	
	tu	achètes	achète
	il/elle	achète	
	nous	achetons	achetons
	vous	achetez	achetez
	ils/elles	achètent	
aimer 愛する	j'	aime	
	tu	aimes	aime
	il/elle	aime	
	nous	aimons	aimons
	vous	aimez	aimez
	ils/elles	aiment	
aller 行く	je	vais	
	tu	vas	va
	il/elle	va	
	nous	allons	allons
	vous	allez	allez
	ils/elles	vont	
appeler 呼ぶ	j'	appelle	
	tu	appelles	appelle
	il/elle	appelle	
	nous	appelons	appelons
	vous	appelez	appelez
	ils/elles	appellent	
apprendre 学ぶ	j'	apprends	
	tu	apprends	apprends
	il/elle	apprend	
	nous	apprenons	apprenons
	vous	apprenez	apprenez
	ils/elles	apprennent	

不定詞		直説法現在形	命令形
arriver 到着する	j'	arrive	
	tu	arrives	arrive
	il/elle	arrive	
	nous	arrivons	arrivons
	vous	arrivez	arrivez
	ils/elles	arrivent	
attendre 待つ	j'	attends	
	tu	attends	attends
	il/elle	attend	
	nous	attendons	attendons
	vous	attendez	attendez
	ils/elles	attendent	
avoir 持っている	j'	ai	
	tu	as	aie
	il/elle	a	
	nous	avons	ayons
	vous	avez	ayez
	ils/elles	ont	
boire 飲む	je	bois	
	tu	bois	bois
	il/elle	boit	
	nous	buvons	buvons
	vous	buvez	buvez
	ils/elles	boivent	
chanter 歌う	je	chante	
	tu	chantes	chante
	il/elle	chante	
	nous	chantons	chantons
	vous	chantez	chantez
	ils/elles	chantent	

不定詞		直説法現在形	命令形
chercher 探す	je	cherche	
	tu	cherches	cherche
	il/elle	cherche	
	nous	cherchons	cherchons
	vous	cherchez	cherchez
	ils/elles	cherchent	
choisir 選ぶ	je	choisis	
	tu	choisis	choisis
	il/elle	choisit	
	nous	choisissons	choisissons
	vous	choisissez	choisissez
	ils/elles	choisissent	
commencer 始まる	je	commence	
	tu	commences	commence
	il/elle	commence	
	nous	commençons	commençons
	vous	commencez	commencez
	ils/elles	commencent	
comprendre わかる	je	comprends	
	tu	comprends	comprends
	il/elle	comprend	
	nous	comprenons	comprenons
	vous	comprenez	comprenez
	ils/elles	comprennent	
connaître 知っている	je	connais	
	tu	connais	connais
	il/elle	connaît/connait	
	nous	connaissons	connaissons
	vous	connaissez	connaissez
	ils/elles	connaissent	

不定詞		直説法現在形	命令形
courir 走る	je	cours	
	tu	cours	cours
	il/elle	court	
	nous	courons	courons
	vous	courez	courez
	ils/elles	courent	
coûter 値段が〜である	je	coûte / coute	
	tu	coûtes / coutes	
	il/elle	coûte / coute	命令形は普段は 用いられない。
	nous	coûtons / coutons	
	vous	coûtez / coutez	
	ils/elles	coûtent / coutent	
danser 踊る	je	danse	
	tu	danses	danse
	il/elle	danse	
	nous	dansons	dansons
	vous	dansez	dansez
	ils/elles	dansent	
déjeuner 昼食をとる	je	déjeune	
	tu	déjeunes	déjeune
	il/elle	déjeune	
	nous	déjeunons	déjeunons
	vous	déjeunez	déjeunez
	ils/elles	déjeunent	
descendre 降りる	je	descends	
	tu	descends	descends
	il/elle	descend	
	nous	descendons	descendons
	vous	descendez	descendez
	ils/elles	descendent	

不定詞		直説法現在形	命令形
devoir 〜すべきである	je	dois	
	tu	dois	
	il/elle	doit	
	nous	devons	命令形は普段は 用いられない。
	vous	devez	
	ils/elles	doivent	
dîner 夕食をとる	je	dîne/dine	
	tu	dînes/dines	dîne/dine
	il/elle	dîne/dine	
	nous	dînons/dinons	dînons/dinons
	vous	dînez/dinez	dînez/dinez
	ils/elles	dînent/dinent	
dire 言う	je	dis	
	tu	dis	dis
	il/elle	dit	
	nous	disons	disons
	vous	dites	dites
	ils/elles	disent	
donner 与える	je	donne	
	tu	donnes	donne
	il/elle	donne	
	nous	donnons	donnons
	vous	donnez	donnez
	ils/elles	donnent	
dormir 眠る	je	dors	
	tu	dors	dors
	il/elle	dort	
	nous	dormons	dormons
	vous	dormez	dormez
	ils/elles	dorment	

不定詞		直説法現在形	命令形
écouter 聞く	j'	écoute	
	tu	écoutes	écoute
	il/elle	écoute	
	nous	écoutons	écoutons
	vous	écoutez	écoutez
	ils/elles	écoutent	
écrire 書く	j'	écris	
	tu	écris	écris
	il/elle	écrit	
	nous	écrivons	écrivons
	vous	écrivez	écrivez
	ils/elles	écrivent	
entendre 聞こえる	j'	entends	
	tu	entends	entends
	il/elle	entend	
	nous	entendons	entendons
	vous	entendez	entendez
	ils/elles	entendent	
entrer 入る	j'	entre	
	tu	entres	entre
	il/elle	entre	
	nous	entrons	entrons
	vous	entrez	entrez
	ils/elles	entrent	
être 〜である	je	suis	
	tu	es	sois
	il/elle	est	
	nous	sommes	soyons
	vous	êtes	soyez
	ils/elles	sont	

不定詞			直説法現在形	命令形
faire 作る	je	fais		
	tu	fais		fais
	il/elle	fait		
	nous	faisons		faisons
	vous	faites		faites
	ils/elles	font		
falloir ～が必要である	il	faut		
fermer 閉じる	je	ferme		
	tu	fermes		ferme
	il/elle	ferme		
	nous	fermons		fermons
	vous	fermez		fermez
	ils/elles	ferment		
finir 終わる	je	finis		
	tu	finis		finis
	il/elle	finit		
	nous	finissons		finissons
	vous	finissez		finissez
	ils/elles	finissent		
habiter 住む	j'	habite		
	tu	habites		habite
	il/elle	habite		
	nous	habitons		habitons
	vous	habitez		habitez
	ils/elles	habitent		
inviter 招く	j'	invite		
	tu	invites		invite
	il/elle	invite		
	nous	invitons		invitons
	vous	invitez		invitez
	ils/elles	invitent		

不定詞		直説法現在形	命令形
jouer 遊ぶ	je	joue	
	tu	joues	joue
	il/elle	joue	
	nous	jouons	jouons
	vous	jouez	jouez
	ils/elles	jouent	
lire 読む	je	lis	
	tu	lis	lis
	il/elle	lit	
	nous	lisons	lisons
	vous	lisez	lisez
	ils/elles	lisent	
manger 食べる	je	mange	
	tu	manges	mange
	il/elle	mange	
	nous	mangeons	mangeons
	vous	mangez	mangez
	ils/elles	mangent	
marcher 歩く	je	marche	
	tu	marches	marche
	il/elle	marche	
	nous	marchons	marchons
	vous	marchez	marchez
	ils/elles	marchent	
mettre 置く	je	mets	
	tu	mets	mets
	il/elle	met	
	nous	mettons	mettons
	vous	mettez	mettez
	ils/elles	mettent	

不定詞		直説法現在形	命令形
monter 登る	je	monte	
	tu	montes	monte
	il/elle	monte	
	nous	montons	montons
	vous	montez	montez
	ils/elles	montent	
ouvrir 開ける	j'	ouvre	
	tu	ouvres	ouvre
	il/elle	ouvre	
	nous	ouvrons	ouvrons
	vous	ouvrez	ouvrez
	ils/elles	ouvrent	
parler 話す	je	parle	
	tu	parles	parle
	il/elle	parle	
	nous	parlons	parlons
	vous	parlez	parlez
	ils/elles	parlent	
partir 出発する	je	pars	
	tu	pars	pars
	il/elle	part	
	nous	partons	partons
	vous	partez	partez
	ils/elles	partent	
payer 支払う	je	paie/paye	
	tu	paies/payes	paie/paye
	il/elle	paie/paye	
	nous	payons	payons
	vous	payez	payez
	ils/elles	paient/payent	

不定詞		直説法現在形	命令形
penser 考える	je	pense	
	tu	penses	pense
	il/elle	pense	
	nous	pensons	pensons
	vous	pensez	pensez
	ils/elles	pensent	
petit-déjeuner 朝食をとる	je	petit-déjeune	
	tu	petit-déjeunes	
	il/elle	petit-déjeune	
	nous	petit-déjeunons	命令形は普段は 用いられない。
	vous	petit-déjeunez	
	ils/elles	petit-déjeunent	
pleurer 泣く	je	pleure	
	tu	pleures	pleure
	il/elle	pleure	
	nous	pleurons	pleurons
	vous	pleurez	pleurez
	ils/elles	pleurent	
pleuvoir 雨が降る	il	pleut	
porter 身につけている	je	porte	
	tu	portes	porte
	il/elle	porte	
	nous	portons	portons
	vous	portez	portez
	ils/elles	portent	
pouvoir ～できる	je	peux/puis	
	tu	peux	
	il/elle	peut	
	nous	pouvons	命令形は普段は 用いられない。
	vous	pouvez	
	ils/elles	peuvent	

不定詞		直説法現在形	命令形
préférer 〜をより好む	je	préfère	
	tu	préfères	préfère
	il/elle	préfère	
	nous	préférons	préférons
	vous	préférez	préférez
	ils/elles	préfèrent	
prendre 手に取る	je	prends	
	tu	prends	prends
	il/elle	prend	
	nous	prenons	prenons
	vous	prenez	prenez
	ils/elles	prennent	
préparer 準備する	je	prépare	
	tu	prépares	prépare
	il/elle	prépare	
	nous	préparons	préparons
	vous	préparez	préparez
	ils/elles	préparent	
recevoir 受ける	je	reçois	
	tu	reçois	reçois
	il/elle	reçoit	
	nous	recevons	recevons
	vous	recevez	recevez
	ils/elles	reçoivent	
regarder 見る	je	regarde	
	tu	regardes	regarde
	il/elle	regarde	
	nous	regardons	regardons
	vous	regardez	regardez
	ils/elles	regardent	

不定詞		直説法現在形	命令形
rentrer 帰宅する	je	rentre	
	tu	rentres	rentre
	il/elle	rentre	
	nous	rentrons	rentrons
	vous	rentrez	rentrez
	ils/elles	rentrent	
répondre 答える	je	réponds	
	tu	réponds	réponds
	il/elle	répond	
	nous	répondons	répondons
	vous	répondez	répondez
	ils/elles	répondent	
rester （ある場所に）残る	je	reste	
	tu	restes	reste
	il/elle	reste	
	nous	restons	restons
	vous	restez	restez
	ils/elles	restent	
revenir 帰る	je	reviens	
	tu	reviens	reviens
	il/elle	revient	
	nous	revenons	revenons
	vous	revenez	revenez
	ils/elles	reviennent	
s'appeler 〜という名前である	je	m'appelle	
	tu	t'appelles	appelle-toi
	il/elle	s'appelle	
	nous	nous appelons	appelons-nous
	vous	vous appelez	appelez-vous
	ils/elles	s'appellent	

不定詞		直説法現在形	命令形
s'asseoir **(s'assoir)** 座る	je	m'assieds/m'assois	
	tu	t'assieds/t'assois	assieds-toi/assois-toi
	il/elle	s'assied/s'assoit	
	nous	nous asseyons	asseyons-nous
	vous	vous asseyez	asseyez-vous
	ils/elles	s'asseyent	
savoir 知っている	je	sais	
	tu	sais	sache
	il/elle	sait	
	nous	savons	sachons
	vous	savez	sachez
	ils/elles	savent	
se coucher 寝る	je	me couche	
	tu	te couches	couche-toi
	il/elle	se couche	
	nous	nous couchons	couchons-nous
	vous	vous couchez	couchez-vous
	ils/elles	se couchent	
se lever 立ち上がる	je	me lève	
	tu	te lèves	lève-toi
	il/elle	se lève	
	nous	nous levons	levons-nous
	vous	vous levez	levez-vous
	ils/elles	se lèvent	
sortir 外に出る	je	sors	
	tu	sors	sors
	il/elle	sort	
	nous	sortons	sortons
	vous	sortez	sortez
	ils/elles	sortent	

不定詞		直説法現在形	命令形
téléphoner 電話する	je	téléphone	
	tu	téléphones	téléphone
	il/elle	téléphone	
	nous	téléphonons	téléphonons
	vous	téléphonez	téléphonez
	ils/elles	téléphonent	
tourner 回す	je	tourne	
	tu	tournes	tourne
	il/elle	tourne	
	nous	tournons	tournons
	vous	tournez	tournez
	ils/elles	tournent	
travailler 働く	je	travaille	
	tu	travailles	travaille
	il/elle	travaille	
	nous	travaillons	travaillons
	vous	travaillez	travaillez
	ils/elles	travaillent	
trouver 見つける	je	trouve	
	tu	trouves	trouve
	il/elle	trouve	
	nous	trouvons	trouvons
	vous	trouvez	trouvez
	ils/elles	trouvent	
vendre 売る	je	vends	
	tu	vends	vends
	il/elle	vend	
	nous	vendons	vendons
	vous	vendez	vendez
	ils/elles	vendent	

不定詞		直説法現在形	命令形
venir 来る	je	viens	
	tu	viens	viens
	il/elle	vient	
	nous	venons	venons
	vous	venez	venez
	ils/elles	viennent	
visiter 訪問する	je	visite	
	tu	visites	visile
	il/elle	visite	
	nous	visitons	visitons
	vous	visitez	visitez
	ils/elles	visitent	
voir 見る	je	vois	
	tu	vois	vois
	il/elle	voit	
	nous	voyons	voyons
	vous	voyez	voyez
	ils/elles	voient	
vouloir 〜をのぞむ	je	veux	
	tu	veux	veuille
	il/elle	veut	
	nous	voulons	veuillons
	vous	voulez	veuillez
	ils/elles	veulent	
voyager 旅行する	je	voyage	
	tu	voyages	voyage
	il/elle	voyage	
	nous	voyageons	voyageons
	vous	voyagez	voyagez
	ils/elles	voyagent	

見出し語の索引

187

松川 雄哉（まつかわ ゆうや）

　早稲田大学商学部専任講師。ラヴァル大学大
学院言語学研究科博士課程修了（言語教育学）。
専門は第二言語語彙学習，ケベック研究。南山
大学外国語学部フランス学科講師を経て，2021
年度より現職。2021年度 NHK「旅するための
フランス語」に出演。

© Yuya Matsukawa, 2021, Printed in Japan

仏検5級レベル重要単語

2021年12月30日　　初版第1刷発行

著　者	松川 雄哉
制　作	ツディブックス株式会社
発行者	田中 稔
発行所	株式会社 語研
	〒101-0064
	東京都千代田区神田猿楽町 2-7-17
	電　話 03-3291-3986
	ファクス 03-3291-6749
組　版	ツディブックス株式会社
印刷・製本	シナノ書籍印刷株式会社

ISBN978-4-87615-375-6 C0085
書名　フツケンゴキュウレベルジュウヨウタンゴ
著者　マツカワ ユウヤ
著作者および発行者の許可なく転載・複製することを禁じます。

定価はカバーに表示してあります。
乱丁本，落丁本はお取り替えいたします。

株式会社語研
語研ホームページ https://www.goken-net.co.jp/

本書の感想は
スマホから↓